ROWOHLT
BERLIN

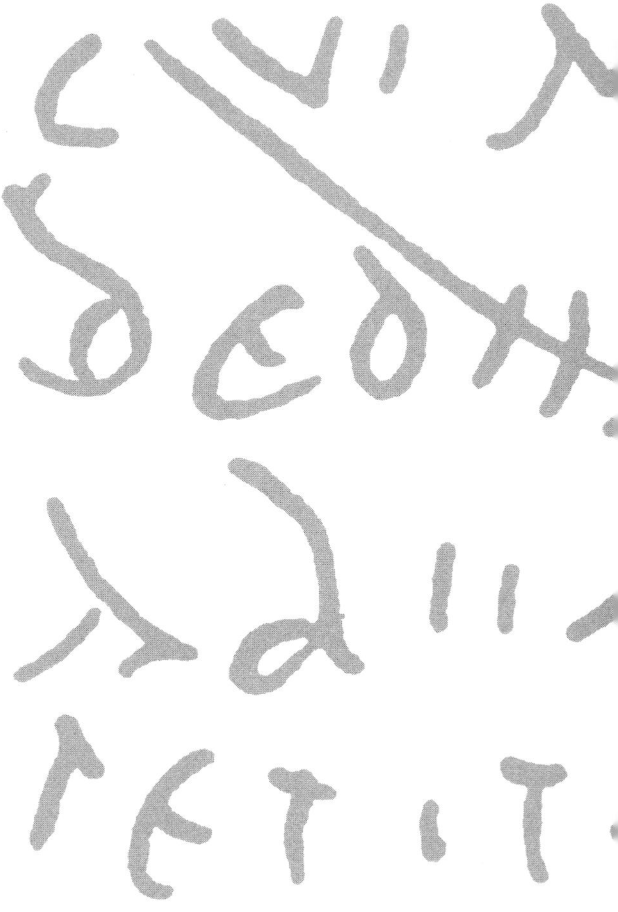

Sylke Tempel

DAS ALTE ROM

Rowohlt · Berlin

1. Auflage Juli 2001

Lektorat Julia Kühn
Umschlaggestaltung any.way, Barbara Hanke / Cordula Schmidt
(Foto: Mnemosyne)
Layout Joachim Düster
Satz aus der Centaur PostScript, QuarkXPress 4.1
Gesamtherstellung Clausen & Bosse, Leck
Printed in Germany
ISBN 3 87134 426 5

Die Schreibweise entspricht den Regeln
der neuen Rechtschreibung.

INHALT

«Dieser Krach würde einem Meerkalb den Schlaf rauben.» JUVENAL

EIN TAG IM LEBEN EINES RÖMISCHEN PATRIZIERS

Als Gaius Mauricius Tiro erwachte, zog ein kalter Winterwind durch das glaslose Fenster seines Schlafzimmers. «Dämlicher Nichtsnutz von einem Sklaven», brummelte er. «Hat wieder vergessen, die Läden zu schließen, und ich erstarre hier zu Eis. Ich werde ihn in eine der Sklavenabteilungen für Gartenarbeit stecken, dann kann er selbst frieren.» Missmutig schob er sein *operimentum*, die teppichartige Zudecke, zurück, schwang sich von seiner Liege und schlüpfte in seine roten Schuhe mit den halbmondförmigen Schnallen an den Seiten. «Dama, Carpe, kommt rein», rief er ungeduldig. Der Befehl war überflüssig. Jeden Morgen warteten zwei Sklaven ergeben neben Tiros Schlafzimmertür. Kaum war ihr Herr erwacht, brachte Dama ihm als Frühstück ein Glas Wasser, gekühlt in einer schneegefüllten silbernen Schale.

Auch wenn sie sich damit Magenschmerzen holten: Reiche Römer tranken gerne Eiswasser zum Frühstück. So konnten sie den Besitz eines antiken Kühlschrankes demonstrieren. Martial berichtet von speziellen Kellern, in denen zusammengepresster Schnee in Gruben aufbewahrt wurde, isoliert durch Erde, Zweige, Stroh oder Leintücher. Durch Anschmelzen des Schnees und den Druck entstand auch Eis. Offensichtlich gab es Unternehmen, die sich darauf spezialisierten, Schnee aus den Gebirgen zu holen. Wie sie ihn nach Rom transportierten, darüber schweigen sich die antiken Quellen leider aus.

Carpe hielt eine frisch gewaschene Toga über dem Arm. Fast drei Meter im Durchmesser maß das kreisförmig geschnittene Stück aus feiner, weißer Wolle mit dem breiten Purpurstreifen, den, ebenso wie die roten Schuhe, nur Senatoren tragen durften. Niemand schaffte es, eine Toga ohne Hilfe anzulegen und die Falten so kunstvoll über Schulter und Armen zu richten, wie es der Vorschrift entsprach.

Hätten nicht Kaiser Claudius und später Kaiser Domitian ausdrücklich befohlen, dass vornehme Römer beim Empfang der Klienten, vor Gericht und im Theater die schwere Toga zu tragen haben, Tiro hätte nur in seine Schuhe schlüpfen müssen, um vollständig angezogen zu sein. Jeder Römer schlief in seiner Tunika, einem knielangen, kurzärmeligen Hemd aus Leinen oder Wolle, das er auch tagsüber trug. Wenigstens darum kann man das einfache Volk beneiden, dachte Tiro. Die dürfen den lieben langen Tag in ihrer Tunika herumlaufen, während ich mich in dieses sperrige Ding wickeln muss.

Mauricius Tiro durchquerte den Säulenhof und das Atrium, den offenen Innenhof seines Hauses. Flüchtig winkte er seinen beiden Kindern Julia und Titus zu. «Hast du wieder meine Lampe versteckt?», schrie der achtjährige Titus eben seine ältere Schwester Julia an. Wenn er noch einmal ohne sein Talglicht in der Schule erschien, würde er eine Strafe bekommen. Schon letzte Woche hatte der Lehrer Polybios geschimpft: «Du glaubst wohl, dass du nicht lernen musst, wenn du kein Licht zum Lesen dabeihast!» Tiro schmunzelte. Die beiden *paedagogi* – Sklaven, die seine Kinder jeden Morgen zur Schule brachten und ihnen bei den Hausaufgaben halfen – würden die Lampe schon noch rechtzeitig finden. Schließlich war Titus' Name auf dem Bronzebehälter eingeritzt. Er warf einen Blick auf seine *horologia ax aqua*, die Wasser-Standuhr, die bei jedem Stundenwechsel Kieselsteine in die Luft schleuderte. Gerade brach die *hora prima*, die erste Stunde, an. Pünktlich wie immer begann er die morgendliche Routine, die ganz Rom in Atem hielt: den Empfang der Klienten.

Die Ämterlaufbahn, der *cursus honorum*

Gaius Mauricius Tiro war ein mächtiger Mann mit ungeheuren Reichtümern. Er besaß ein großes *domus*, sein Stadthaus, auf einem der sieben Hügel Roms, dem Palatin, einige Mietshäuser und wie alle vornehmen Patrizier mehrere *villae* in den schönsten Gegenden Italiens, um der drückenden Sommerhitze in der Stadt zu entgehen. Ein Vermögen, so munkelte man in Rom, von über 25 Millionen Sesterzen. Und Ländereien in allen Provinzen des Reiches. Geerbt, billig gekauft nach siegreichen Feldzügen, bewirtschaftet von Hunderten von Sklaven. Einen nicht geringen Teil seines Reichtums hatte Tiro in die Ämterlaufbahn investiert, die ein vornehmer Römer nun einmal hinter sich bringen musste, um Mitglied des Senats zu werden. Der Staatsdienst war Ehrensache, denn bezahlt wurden hohe Beamte nicht. Nur Reiche konnten sich den Luxus eines Amtes leisten. Wer gewählt werden wollte, musste die Römer mit teuren Vergnügungen unterhalten, Gladiatorenkämpfe veranstalten, die *plebs* mit Getreideschenkungen bei Laune halten oder sonst wie sein Geld unter die Leute bringen.

Tiro hatte sich zuerst als *quaestor*, als Verwaltungsbeamter, in die spanische Provinz Baetica schicken lassen. Feierlich überreichte ihm der Senat nach seiner Rückkehr die purpurbesetzte *toga praetexta*, denn nach der Quaestur stand ihm ein Sitz im 300 Mitglieder zählenden Senat zu. Leicht war es nicht, sich gegen die Konkurrenten um die *praetur* durchzusetzen. Manche kauften ganze Horden von verurteilten Verbrechern und ließen sie im Kolosseum gegen Panther, Löwen und wilde Stiere antreten. Nur mit Schwertern bewaffnet, ach was, Schnitzmesserchen waren das. Das war nicht Tiros Stil, er packte die Sache geschickter an. Neue Brunnen ließ er graben, Straßen pflastern, 50000 Bezugsscheine für die kostenlose Getreideverteilung, *annona*, an Roms Arme verschenken und ein Tempelchen hier und dort bauen. Alles auf eigene Rechnung. Das hatte den Römern gefallen, die Wahl zum *praetor urbanus*, dem obersten Richter Roms, ging ohne große Anstrengungen über die Bühne. Schnell erarbeitete er sich den Ruf, gerecht und unbestechlicher als alle anderen zu sein. Kaiser und Senat belohnten ihn dafür, indem sie ihn zum *proconsul*, zum Statthalter der reichen Provinz Asia ernannten. Dort konnte er sich wie alle Provinzstatthalter einen Teil seiner Investitionen doppelt und dreifach zurückholen. Wohl hatte er zuverlässig die Steuern für Rom und den Kaiser eingetrieben, doch einiges für sich selbst abzweigen können. Sein *domus* war voll gestopft mit Kunstschätzen aus Byzantium, Smyrna, Ephesos und Pergamon. Im letzten August hatte er seinen 35. Geburtstag gefeiert. Viele hielten seine Karriere noch nicht für beendet, manche glaubten, er würde es noch zum Konsul bringen. Aber er war schon jetzt ein einflussreicher Mann, viele Menschen waren abhängig von ihm.

Das Patronat

Wer Pech hatte, keiner adligen Familie angehörte oder kein Geld besaß und dennoch etwas werden wollte, verschrieb sich als Klient einem Patron. Möglichst jemandem, der über gute Verbindungen verfügte und seinen Schützlingen zu einem hübschen Amt oder einer gut bezahlten Arbeit verhelfen konnte. Er musste reich genug sein, freien römischen Bürgern mit einem täglichen Taschengeld einen Lebensunterhalt zu verschaffen. Und seine freigelassenen Sklaven vor Gericht vertreten, denn wer einmal Sklave war, durfte vor Gericht ebenso wenig auftreten wie Frauen. Dafür mussten die Klienten ihrem Patron jederzeit zur Verfügung stehen. Je mehr Klienten ein Römer besaß, desto mehr Ansehen gewann er. Wie angesehen Senator Mauricius Tiro war, konnte er jeden Morgen sehen, wenn sich die Klienten vor seiner Haustür drängelten, ihr *spatula* – das kleine Bastkörbchen – in der Hand, in das Tiros Zahlmeister streng nach Rangordnung hundert *quadrantes* hineinfallen

Von Decimus Junius Juvenalis ist uns wenig Biographisches überliefert. Er hat wahrscheinlich von etwa 60 bis 135 n. Chr. gelebt und begann in der Regierungszeit des Kaisers Trajan seine publizistische Karriere. Juvenals Freund, der Dichter Martial, erwähnt ihn dreimal in seinen eigenen Werken und bezeichnet ihn als *facundus* – redegewandt. Vermutlich verdiente Juvenal sein Brot als Dozent für Rhetorik. Er veröffentlichte sechzehn Satiren, in denen er sich vor allem mit dem Sittenverfall im alten Rom beschäftigt.

ließ. Erst wurden die *equestres* versorgt, die Männer des Ritterstandes und Kavallerieoffiziere der Armee, danach die Beamten. Dann die freien, aber armen römischen Bürger, wie dieser Habenichts, dieser Dichter Juvenal, der auf milde Gaben angewiesen war, und sich dann lustig darüber machte. «Ein ganzes Gewühl von Sänften kommt auf der Suche nach den hundert *quadrantes*. Der Hausherr aber sieht jeden genau an und hat Angst, du könntest anstelle eines anderen kommen und das Geld verlangen. Erst wenn du identifiziert bist, wird's dir ausbezahlt», hatte dieser Kerl neulich geschrieben, und ganz Rom zitierte lachend seine Verse. Und schließlich alle freigelassenen Sklaven Tiros, die dem ehemaligen Herrn jeden Morgen unterwürfig ihre Aufwartung machen mussten.

Leben in der Großstadt: Lärm, Verkehrschaos, Dreck, Gestank

Wie in einem Dorf erwachten die Römer mit der Morgendämmerung, um sich schnell zum Haus des Patrons aufzumachen. Falls sie überhaupt geschlafen hatten. Noch immer galt das Gesetz Gaius Julius Caesars, das Fuhrfahrzeugen verbot, tagsüber die engen Straßen Roms zu befahren. Also rumpelten sie nachts durch die Stadt. Den Reichen machte das nichts aus. Ihr *domus* war so gebaut, dass sich alle Fenster zum Innenhof öffneten und eine dicke Außenmauer und ein großer Garten sie vom Lärm der Straße abschirmte. Die Armen in ihren Mietwohnungen aber merkten sehr wohl, dass sie in einer Großstadt lebten. «Hier sterben viele, weil Schlaflosigkeit sie krank gemacht hat», schrieb Juvenal. «Wagen biegen in scharfer Wendung um die Straßenecken, die Treiber schimpfen laut, wenn ihre Viehherde nicht weiter kann – all das würde einem Meerkalb den Schlaf rauben.» Ständig brachen Brände aus, weil in den winzigen, aber dennoch teuren Mietwohnungen mit offenen Feuern gekocht und geheizt wurde. Dann ratterten die Pferdegespanne der Feuerwehr laut bimmelnd durch die Stadt. Manche Gebäude brachen krachend in sich zusammen, weil Bauspekulanten billiges Material geliefert und die Fundamente eines mehrstöckigen Hauses nicht tief genug gelegt hatten. «Wir wohnen in einer Stadt, die zum großen Teil auf schwachen Stützbalken ruht, denn so hemmt der Hausverwalter den Zusammenbruch, wenn er alte klaffende Risse ausgebessert hat, heißt er uns ruhig schlafen, während beständig Einsturz droht», jammerte Juvenal.

Trotz Caesars Fahrverbot für Lastkarren waren Roms Straßen tagsüber ständig verstopft. Alles Leben in der *urbs* spielte sich draußen ab. «Rom hat der freche Händler mit Beschlag belegt», spottete der Dichter Martial. «Und die Schwelle vorm Haus gehört uns schon nicht mehr.» Dort hatten die Schuster, Schreiner und sogar Metzger ihre Arbeitstische aufgestellt, dazwischen drängelten sich Garköche mit ihren tragbaren Kohlebecken, standen Wahrsager mit ihren Buden, kauerten Bettler in zerschlissenen Umhängen. Über eine Million Einwohner zählte die Stadt nun schon, die Soldaten aus den Garnisonen vor der Stadtmauer gar nicht eingerechnet. Oder die Tausende von Touristen, die gaffend die Köpfe in den Nacken legten, um die Tempel und die *insulae* zu betrachten, bis zu sieben Stockwerke hohe Hochhäuser, von denen man in ihren Provinzstädten staunend berichtet hatte. «Wie wir uns beeilen, so steht doch eine Menschenmenge im Wege. Einer stößt mich mit dem Ellenbogen, ein anderer mit einer langen Stange. Mit Schlamm beschmutzt sind meine Beine, bald bekomme ich Fußtritte von allen Seiten und der Nagel eines Soldatenstiefels bleibt mir in der Zehe stecken.» Man könne von Glück sagen, schrieb Juvenal weiter, wenn einem nicht aus dem Dachgeschoss eines Mietshauses ein Nachttopf auf den Kopf fliege. Nur die Häuser der Reichen und die Wohnungen im Erdgeschoss der *insulae*, deren Miete sich nur Wohlhabende leisten konnten, waren an Roms Abwassersystem angeschlossen. Die armen

Wir haben ins Bett gepinkelt. Ich geb's zu, Wirt, das war nicht fein. Du fragst warum? Es war kein Nachttopf da! (Graffito aus Pompeji)

Bewohner der oberen Stockwerke mussten sich ihr Wasser eimerweise aus den Brunnen heraufschleppen. Oft war ihnen der Abstieg aus den oberen Stockwerken zu mühsam und der Weg zur nächsten öffentlichen Toilette zu weit.

Mauricius Tiro focht das wenig an, er musste sich nicht durch das Gedränge kämpfen. Als der letzte Klient sein Taschengeld empfangen hatte, ließ er seine Sänfte und die acht syrischen Trägersklaven kommen. Jeder Römer, der auf sich hielt, kaufte sich Syrer, die als besonders stark galten und die Sänfte ohne großes Geschaukel trugen. Zwanzig Sklaven und ein paar seiner Klienten hatten als Gefolge mitzumarschieren, das verlangte Tiros Ruf als vornehmer Patrizier, einem Angehörigen des römischen Adels. Zehn Sklaven postierten sich hinter der Sänfte und zehn vorneweg, die beständig zu rufen hatten: «Platz für den Senator Gaius Mauricius Tiro» und die Passanten manchmal auch unfreundlich aus dem Weg schubsten. Ganz nach der neuesten Mode hatte Tiro sich anstelle von Vorhängen ein großes Stück Glimmer einbauen lassen. So konnte er hinaussehen, ohne selbst gesehen zu werden. Tiros Sekretär reichte ihm seine Unterlagen in die Sänfte, säuberlich zusammengebundene Wachstäfelchen, die er heute als Zeuge in einem Erbschaftsprozess brauchen würde. «Zur Basilika Julia auf dem Forum Romanum», rief er. Mit einem Ruck hoben die Syrer die Sänfte an und trugen Tiro im Gleichschritt fort.

Rom im Bauwahn

Tiro lehnte sich in seine weichen Kissen. Nur manchmal schwankte die Sänfte ein wenig, wenn einer der Träger knöcheltief im Morast einer ungepflasterten Straße versank. Zufrieden blickte er aus seinem Glimmerfenster. Hohe Außenmauern eines *domus* wechselten sich ab mit Mietshäusern. Balkons schoben sich über die Säulengänge, die die Ladenreihen deckten, an den Fassaden rankten sich

Kletterpflanzen bis hinauf in die Dachgeschosse. In fast jedem der großen, mit Ziegeln oder Holz umrandeten Fenster standen Blumentöpfe aus Terrakotta. Rom befand sich im Bauwahn. An jeder zweiten Ecke versperrte ein Kran den Weg, den Sklaven wie Hamster in einem Tretrad bewegten. Schon öffneten die Wirte ihre Kneipen, in deren Vorderzimmern sich die Handwerker zum Mittagessen trafen, während im Hinterzimmer die Söhne reicher Familien Tausende von Sesterzen bei Glücksspielen verloren.

Rom ging es gut unter Kaiser Trajan. «Vielleicht zu gut», schoss es Tiro durch den Kopf, als er den Sohn eines Freundes, des *praetor* Cassius Faustus, in eine Taverne huschen sah. Vor sechs Jahren hatte Trajan Dakien, das heutige Rumänien, erobert und damit die dakischen Goldminen. Roms Staatskasse wurde reichlich gefüllt und der Kaiser wusste klug damit umzugehen. Die Stadt war gewachsen, ihr Verbrauch an Lebensmitteln und Wasser stieg ins Unermessliche. Trajan ließ den Hafen in Ostia ausbauen und neue Vorratsspeicher, vor allem für die Getreidelieferungen aus Ägypten, anlegen. Auch um eine Verbesserung der Wasserversorgung kümmerte er sich. Zwölf teils schon jahrhundertealte, größtenteils unterirdisch verlegte Wasserleitungen brachten fast eine Milliarde Liter Wasser täglich aus den Quellen der Albaner Berge in die östlich des Tiber gelegenen Stadtviertel. Trajans neues, 45 Kilometer langes und im letzten Teil über eine Art Brücke geführtes Aquädukt lieferte endlich auch den Armutsvierteln westlich des Tiber frisches Wasser. Außerdem war erst in diesem Jahr das Trajansforum an den Hängen des Hügels Quirinal fertig gestellt worden. Ein Meisterstück des Architekten Apollodor aus Damaskus. Die Römer liebten es, in dem fünfstöckigen, halbrund angelegten Bau mit seinen Arkadengängen zu schlendern; die Becken der Fischhändler im obersten Stock zu bewundern, die mit Süßwasser aus den Aquädukten oder Meerwasser aus Ostia versorgt wurden. An den Gewürzen in den Läden des zweiten und dritten Stockes zu riechen, die Roms Handelsschiffe aus Indien und dem Orient brachten, oder sich an den

Blumenläden im Erdgeschoss zu freuen. Sie waren überzeugt, dass nichts auf der ganzen Welt schöner sein konnte als dieses Forum mit dem Einkaufszentrum, der Trajanssäule und den Bibliotheksgebäuden.

Tiro konnte stolz auf sich sein. Er und seine Kollegen im Senat hatten den alten Kaiser Nerva dazu gebracht, Trajan, den General der Rheinarmee an der Grenze Germaniens, zu adoptieren und zu seinem Nachfolger zu machen. Tiro kannte Trajans Familie – Italer, die sich vor vielen Generationen in der spanischen Provinz Baetica angesiedelt hatten – noch aus seiner Zeit als *praetor*. Es hatte die Senatoren nicht gestört, dass dieser Marcus Ulpius Trajan ein Provinzler war. Begabt war er. Ein hervorragender Verwalter, der sich gut mit dem Senat zu stellen wusste. Kein Früchtchen und Mörder, wie Nervas Vorgänger Domitian, der die alten Patrizier und Senatoren hasste. Beständig hatte man unter diesem Verrückten fürchten müssen, dass ein Bote des Kaiserhofes einem Senator die Aufforderung zum Selbstmord schickte. Oder ihn einfach von bezahlten Mördern umbringen ließ. Jetzt herrschte endlich wieder Ruhe im ganzen Reich.

In den ersten Jahren seiner Herrschaft pflegte er (Kaiser Domitian) sich täglich stundenlang vollkommen zurückzuziehen und dann nichts anderes zu tun, als Fliegen zu fangen und sie mit einem angespitzten Griffel aufzuspießen. So wurde jemandem auf die Frage, wer drinnen beim Kaiser sei, vom Konsul Vibius Crispus ganz passend geantwortet: «Niemand, nicht einmal eine Fliege.» (Sueton)

Auf dem Forum

Tiros Sänftenträger durchquerten gerade die *clivo argentario*, die Straße der Geldwechsler. Wie sie sich aus allen Provinzen herbeidrängelten und ihre Münzen aus den Beutelchen auf die Tische kullern ließen! In enge Schiffsdecks hatten sie sich gequetscht und sich das Sitzfleisch auf Ochsenkarren und in Pferdewagen wund scheuern lassen, nur um einmal im Leben den Glanz der Hauptstadt mit eigenen Augen zu sehen. «Absetzen», rief Mauricius Tiro seinen Sklaven zu. Er liebte es, wenigstens ein Stückchen über die Pflastersteine der *via sacra*, der heiligen Straße auf dem Forum Romanum, zu gehen. Seit Jahrhunderten schon war dieser Ort ein Versammlungsplatz der Römer. Triumphzüge, Prozesse und Wahlkampfkundgebungen fanden auf dem Forum statt. Hierher kam man, wenn man den neuesten Klatsch erfahren wollte. Abordnungen aus den Provinzen brachten im Tempel des Jupiter oder im Tempel der Dioskuren ihre Opfer dar. Kaum waren sie fertig, schlugen sich Bettler um die letzten Brocken Fleisch der Opfergabe. *Senatus populusque romanus* – «Der Senat und das Volk Roms» – stand in riesigen Bronzelettern auf dem Giebel des Jupitertempels. Damit jeder wusste, wer hier regierte. Dabei hätte es längst schon heißen müssen: «Der Kaiser, das Heer und die Beamten». Immerhin, dort in der Kurie mit der schweren Bronzetür tagte der Senat. Auch wenn die Senatoren eigentlich nur noch mit großem Getue absegneten, was der Kaiser längst beschlossen hatte. Von der *rostra*, der Rednertribüne, hatten die Größten zu den Römern gesprochen, vor allem damals, während der schlimmen Auseinandersetzungen in den letzten Jahren der Republik: Julius Caesar und Augustus, der strenge alte Cato, wenn er mal wieder über den Sittenverfall der Römer hergezogen war, und Marcus Antonius, als er kurz nach Caesars Ermordung die Leichenrede auf seinen Freund hielt. Das ist der Nabel der Welt, dachte Tiro.

Bedächtig stieg er die sieben Stufen zum marmornen Säulengang der Basilika Julia hinauf, einem der vielen Gerichtsgebäude Roms. Er achtete darauf, mit dem rechten Fuß zuerst über die Schwelle zu treten, denn das Betreten eines Raumes mit dem linken Fuß vorweg brachte Unglück. Der riesige, 82 Meter lange Hauptsaal war bereits bis zum letzten Platz gefüllt. Rom erstickte in Rechtsstreitigkeiten. Jeder schien in einen Prozess verwickelt, als müsste man beständig beweisen, dass Rom das beste Rechtssystem der Welt hatte. Die

Anwälte waren die eigentlichen Stars der Stadt, wenn auch mancher seinen Prozess allein durch die Fähigkeit gewann, den Gegner mit stundenlangen Tiraden tot zu reden. «Ave Tiro», rief plötzlich eine durchdringende Stimme hinter Senator Mauricius Tiro. «Beim Jupiter, nicht dieser geschwätzige Caecilianus mit seiner affigen Löckchenfrisur und dem angeberisch um den Hals geschlungenen Schal», murmelte Tiro. Der bissige Martial hatte den Kerl schon richtig dargestellt: «Wer deklamiert, mit wollenem Schal um Hals und Gurgel, zeigt, dass er reden nicht – und auch nicht maulhalten kann.» – «Ave Caecilianus, möge Justitia heute ein gerechtes Urteil fällen», grüßte Tiro höflich zurück. Er schickte einige seiner Klienten voran, damit diese ihm einen Weg in die vorderste Reihe bahnten, und ließ den verdutzten Caecilianus einfach stehen.

Die Mittagsstunde brach schon an, als ein Richter die Wasseruhr auf seinem Pult zum fünften Mal umdrehte. Eine Stunde und zwanzig Minuten dauerte diese Anklagerede nun schon. Unterbrochen höchstens von den Bravorufen und Klatschereien einer Horde von bezahlten Jublern des Anwalts, wenn Caecilianus mal wieder mit einer besonders gekünstelten Redewendung geglänzt hatte. Zum hundertsten Male bezichtigte er nun schon den jungen Gelehrten Publius Salvius Julianus, sich beim alten Senator Quintus Metellus Macedonius eingeschmeichelt zu haben, nur um von ihm adoptiert und als Erbe seines Vermögens eingesetzt zu werden. Da faselt dieser Mensch von Sohnespflicht, Tugend und Treue. Lächerlich, dachte Tiro. Oft genug hatte er bei Gastmählern neben dem alten Macedonius gelegen und sich dessen Klagen über den eigenen missratenen Sohn Lucius anhören müssen. Lucius war ein stadtbekanntes Ärgernis. Keine Nacht verging, in der er nicht mit seinen Freunden betrunken von einem Gelage heimkehrte und harmlose Passanten verprügelte. Wie sich manche Dinge doch nie veränderten. Vor ein paar Tagen erst hatte der Historiker Sueton im Marcellus-Theater ein Stückchen aus seinem neuem Werk über das Leben der Kaiser vorgelesen. «Wenn es dunkel geworden war, zog Kaiser

Nero sich eine Perücke über den Kopf, schlich sich in üble Kneipen, durchstreifte die Gassen und trieb sein Spiel mit den Leuten. Daraus konnte allerdings Ernst werden, denn er hatte die Gewohnheit, Leute, die von einer Gesellschaft heimkehrten, zu verprügeln und sie bei Gegenwehr schwer verletzt in die Kloaken zu werfen.» Ganz im Gegensatz zu Lucius trug Nero dafür einige Male selbst ein blaues Auge davon. Macedonius hatte schon lange davon gesprochen, lieber Salvius Julianus zu adoptieren und zu seinem Erben zu erklären, als sein Vermögen bald von seinem Sohn vertrunken und verspielt zu sehen.

Die gesamte feine Gesellschaft Roms war zur öffentlichen Verlesung des Testamentes von Macedonius gekommen. Solche Vergnügen ließ sie sich nur selten entgehen. Oft genug wurden Testamente für eine letzte Abrechnung mit langjährigen Feinden genutzt, Verwandte darin genauso beschimpft wie politische Gegner, Beamte oder gar der Kaiser selbst. Macedonius jedenfalls hatte sich übel über seinen Sohn ausgelassen, Lucius Metellus würde kaum eine Chance haben, doch noch an das Vermögen seines Vaters zu gelangen. Kurz und bündig machte Mauricius Tiro seine Aussage vor den *centumvires*, den Richtern für zivilrechtliche Angelegenheiten in der Basilika Julia. Die Zuhörer lachten schallend, als der Senator berichtete, dass Macedonius seinen Sohn eine «taube Nuss» genannt hatte. Spätestens morgen würden die Römer wieder

Gaius Suetonius Tranquillus wurde um das Jahr 70 n. Chr. als Sohn einer ritterlichen Familie in der nordafrikanischen Stadt Hippo Regius geboren. Wie alle Römer vornehmen Standes wurde er zunächst Advokat. Kaiser Trajan stellte ihn als Beamten am Hof ein und betraute ihn mit den Ämtern *a studiis* und *a bibliothecis* – er war zuständig für Wissenschaft und Forschung sowie die öffentlichen Bibliotheken. Unter Kaiser Hadrian stieg Sueton 118 n. Chr. zum Abteilungsleiter der kaiserlichen Korrespondenz, *ab epistulis*, auf. Seine Arbeit am Hof ermöglichte ihm die Einsicht in die kaiserlichen Archive, Material, das er für seine Biographien der römischen Herrscher von Caesar bis Domitian verwandte. Allerdings feuerte Hadrian seinen Hofbeamten schon bald, weil Sueton sich angeblich der Kaiserin gegenüber nicht respektvoll genug gezeigt hatte. Er lebte wohl noch eine Weile als Privatgelehrter in Rom – sein Sterbedatum ist nicht bekannt.

Stoff zum Lästern haben. Denn dann hingen die Blätter mit den öffentlichen Verlautbarungen und Gerichtsberichten auf dem Forum aus.

Tiro fühlte sich hungrig und erschöpft. Außer seinem Glas Wasser zum Frühstück hatte er noch nichts zu sich genommen. Er winkte einem Garkoch und ließ sich eine Erbsensuppe in die Sänfte reichen. Einem seiner Sklaven befahl er, schnell nach Hause zu laufen, um Lygdus, Tiros Lieblingsmasseur, in die Trajanstherme zu bestellen. Denn den Nachmittag würde Tiro im Bad verbringen, wie fast alle Römer.

Im Bad: Fitness und Wellness

«Er kann weder lesen noch schwimmen», hieß ein altes Sprichwort, um einen Dummkopf zu bezeichnen. Über tausend Bäder gab es in der Stadt, kleine *balneae* in einzelnen Stadtvierteln, in denen die Römer schwimmen und sich waschen konnten. Und fünf Thermen, riesige Anlagen, deren ungeheure Wassermengen in den Vorratsbehältern von den Aquädukten gespeist wurden. Die Thermen waren Geschenke der Reichen und Mächtigen. Fünf davon gab es zur Zeit des Kaisers Trajan in Rom. Agrippa, Schwiegersohn des ersten Kaisers Augustus, hatte 33 vor Christus den Anfang gemacht. Zwei weitere stammten von den Herrschern Nero und Titus. Kaiser Trajan ließ eine im Gedenken an seinen Freund Licinius Sura errichten. Danach stiftete er die Trajanstherme nordöstlich des Kolosseums, den bislang prachtvollsten Bau.

Roms Thermen waren nicht nur Wasch- und Badeanstalten, sondern luxuriös ausgestattete Vergnügungspaläste, Fitnesscenter und Kulturzentren zugleich. Zwischen Außenmauer und Gebäude befanden sich Gärten, neben den Schwimmbädern, Dampfbädern, Wannenbädern und Kaltbädern gab es Sportplätze und Bibliotheken, Massagesäle und sogar Museen. Aber vor allem waren die

Thermen Treffpunkt für jedermann, denn der Eintritt kostete die kleine Summe von nur vier *quadrantes.* Besonders im Winter hielten sich die ärmeren Römer oft den ganzen Tag mit ihren Familien im Bad auf. Zu Hause konnten sie sich die klammen Finger höchstens an einem Kohlebecken wärmen. Ein System röhrenförmiger Warmluftleitungen aber sorgte in den Thermen dafür, dass nicht nur die Böden, sondern in manchen Räumen sogar die Wände beheizt waren. Bequem in einer Wanne liegend oder ausgestreckt auf einer Pritsche, gingen die Römer ihren Lieblingsbeschäftigungen nach: sich verwöhnen zu lassen, zu lesen, philosophische Gespräche zu führen oder, wie oft der Dichter Martial, über die kurzen Beine, dicken Bäuche und kahlen Köpfe der anderen Besucher zu lästern.

Tiros Sklave Lygdus wartete bereits am Eingang. Über einer Schulter trug er eine Ledertasche mit den Massageölen, über der anderen eine schwere Segeltuchtasche mit den *halteres,* den Hanteln, der *endromis,* einem eigens für den Sport geschnittenen Mantel, und den Handtüchern aus feiner Wolle. Lygdus kannte die Gewohnheiten seines Herrn. Er wusste, dass Tiro den Ratschlägen des populären Naturwissenschaftlers Plinius des Älteren folgte, erst Sport treiben und danach baden würde. «*Ave, domine*», erwiderte er das freundliche Kopfnicken Tiros, der aus der Sänfte kletterte. Das Geschrei und Gelächter der Besucher war schon am Eingang unüberhörbar. Zusammen durchquerten sie den Garten und die riesige Eingangshalle. In den frühen Nachmittagsstunden des Winters, fand Tiro, war sie am schönsten. Das Licht fiel schräg durch die riesigen Fenster auf die mit weißem Marmor verkleideten Wände. Die bunten Fußbodenmosaike aus violettem und rotem Porphyr, gelbem Giallo oder rosa Stein aus Chios und die Farben der bemalten Stuckdecken leuchteten geradezu im Schein der Sonne. Auch wenn die Decke so hoch war, dass man die Einzelheiten der Gemälde nur mit Anstrengung erkennen konnte. «Nimm mir doch endlich diese schwere Toga ab und halte auch meine Schuhe», bat Tiro seinen Sklaven Lygdus, als sie eine der Umkleidekammern betraten. Nur noch mit dem leichten *endromis* bekleidet und barfuß erreichten die beiden das Stadion. Einige übten Fechten an einem Pfahl, ein paar Frauen spielten Schlagball, bei dem sie den mit Federn gefüllten Ball mit der Hand schlagen mussten. Eine Gruppe war mit dem *harpastum* beschäftigt, eine Art Rugby, bei dem die Spieler sich gegenseitig den sandgefüllten Ball, *harpasta,* abjagen mussten. Aus der Staubwolke, die die Spieler aufwirbelten, löste sich eine verschwitzte Gestalt: «Gaius, mein Freund, dein Prozess wollte wohl gar kein Ende nehmen, oder warum kommst du so spät?» Tiro lachte: «Nein, Fabius, dieser Caecilianus hat uns alle taub geredet. Warte, ich will mich noch aufwärmen mit meinen Hanteln, dann spiele ich auch mit.»

Etwa eine Stunde später ließ Tiro sich erschöpft auf den Boden fallen und betastete vorsichtig ein paar blaue Flecken, die er sich beim *harpastum* geholt hatte. «Schluss jetzt», rief er seinen Mitspielern zu. «Zeit für das Schwitzbad.» Er zog Tunika und *endromis* aus und drückte die verschwitzten Kleider einfach seinem Sklaven in die Hand. «Guckt euch diesen Angeber an», lachte Fabius Annaeus Sura und deutete auf einen Mann, der neben einer der Marmorskulpturen stand und vor einer Gruppe von Zuhörern dozierte: «Laokoon, der Priester Trojas, wollte mit seinen beiden Söhnen dem Meergott Poseidon opfern, als riesige Meerschlangen der See entstiegen und sich in ihre Leiber verbissen. Hat der Künstler nicht unvergleichlich schön den gequälten Gesichtsausdruck des Priesters dargestellt? Stammen wir Römer nicht vom edlen Aeneas ab, der seinen Vater auf den Schultern aus dem brennenden Troja trug und nach Jahren der Irrfahrt die Ufer Italiens erreichte?» – «Eben erst war er ein Sklave, nun gibt dieser Freigelassene Unterricht in Kunst und Mythen», spottete Tiro. Vierzehn Jahrhunderte später würde man die Laokoon-Gruppe unter Schutthaufen des Esquilin-Hügels finden und im Vatikan aufstellen lassen.

«Los, Lygdus, zück den Spatel», forderte Tiro seinen Sklaven auf, nachdem sie das Schwitzbad verlassen und sich ins *caldarium* begeben hatten, dessen Kuppel fast dreißig Meter hoch war und von der Nachmittagssonne aufgeheizt wurde. Bedächtig kratzte Lygdus seinem Herrn mit dem *strigilis* die Haut von Staub und Schmutz frei, bevor der sich bequem ins warme Wasser legte. «Leih mir doch den Lygdus», bat Fabius Sura. «Meinen Santra ließ meine Frau letzte Woche ins Krankenhaus auf der Tiberinsel bringen. Der Kerl spuckte Blut. Wenn er am Leben bleibt, werde ich ihn wohl freilassen und mir einen neuen Masseur kaufen müssen.» Nur in Handtücher gewickelt, legten sich die Freunde auf Ruheliegen in eine der Nischen des etwas kühleren *tepidarium* und ließen sich abwechselnd von Lygdus massieren. Sura stieß Tiro an: «Schau dir den Menogenes an, wie er wieder den reichen Charin umschwänzelt. Wie heißt es noch? Er bringt den erfrischenden Trunk aus rauchiger Flasche, und wenn die Stirn ihm schwitzt, wischt er sie ab. Alles wird er bewundern und preisen, bis er schließlich mürbe ist und endlich ihm sagt: Komm heut zum Essen zu mir! Das ist von Martial, falls du's nicht weißt.» – «Dir merkt man die Wirkung des Bades schon an», frotzelte Tiro. «Ein gesunder Geist in einem gesunden Körper. Menogenes wird nicht viel Freude an seiner Einladung haben. Jeder weiß, dass Charin seinen Gästen etwas anderes auftischen lässt als sich selbst. Er isst Lachs und schlürft Austern. Den anderen serviert er Heringsschwänze und Pfahlmuscheln, der Geizhals.»

Marcus Valerius Martialis wurde 40 n. Chr. in der nordspanischen Kleinstadt Bibilis geboren. Nach dem Abschluss seiner Ausbildung in einer Grammatik- und Rhetorikschule zog er nach Rom, um Anwalt zu werden. Martial begann erst mit vierzig Jahren zu schreiben. Dafür landete er gleich einen Riesenerfolg mit einer Gedichtsammlung über die Gladiatorenspiele, die Kaiser Titus anlässlich der Eröffnung des Kolosseums veranstalten ließ. Im Laufe seines Lebens schrieb Martial zwölf Bände mit Epigrammen – kurzen, auf eine Pointe zugeschnittenen Gedichten. Nur war mit Literatur kein Geld zu machen. Martial allerdings fand zeit seines Lebens Gönner, die ihn sponserten. 98 n. Chr. kehrte er nach Spanien zurück, wo ihm eine reiche Verehrerin ein kleines Gutshaus schenkte. Er starb 104 n. Chr. in Spanien.

Tiros und Suras Gespräch wurde bald ernster. Sura, Kommandeur der in Syrien stationierten Legion Scythica, war nur für einen kurzen Urlaub nach Rom gereist. Er hatte auf Befehl des Kaisers seine Legion nach Armenien zu verlegen. Wahrscheinlich würde es wieder Krieg geben, glaubte Sura. Roms alter Feind, der Partherkönig Chosroes, hatte Vertragsbruch begangen, den römischen Bundesgenossen Axidares vom Thron gejagt und seinen eigenen Bruder Parthamasiris zum König gekrönt. Das konnte Rom sich nicht gefallen lassen. Kaiser Trajan war bereits unterwegs ins syrische Antiocha, um dort seine Legionen selbst zu befehlen. «Ohne Zweifel wird der Senat dem Krieg zustimmen», meinte Tiro. «Du kommst doch heute Abend zum Essen zu mir, dann können wir die Politik besprechen.» Sie ließen sich von einem *tonsor* rasieren und sprangen zum Abschluss in das große Kaltwasserbecken des *frigidarium*. Lygdus trocknete sie ab, rieb sie mit parfümierten Ölen ein und half dem Senator, einen Kapuzenmantel aus Ziegenwolle über seine Tunika zu ziehen.

Ein Abendmahl für Gäste

Es war spät geworden. Scharf hob sich die Silhouette des Jupiter-Tempels auf dem Capitol gegen den abendlichen Himmel ab. Im Licht der untergehenden Sonne wirkten die Tausende von Monumentalstatuen auf Dächern, Säulen und Podesten beinahe gespenstisch. Bedrohlich reckten sie ihre muskelbepackten Arme mit Schwertern, Lanzen und Schilden aus den Falten ihrer Überwürfe, verharrten in einer Pose des Heldentums, als befänden sich Roms marmorne Bewohner in beständigem Kriegszustand. Tiros Begleitsklaven hatten schon ihre Laternen angezündet. Um diese Stunde, wenn Rom sein Tagwerk beendet und finstere Nachtgestalten ihres noch nicht begonnen hatten, leerten sich die Straßen der *urbs*. Wer, außer den Reichen mit ihren Fackelträgern, wagte sich in der Dunkelheit schon auf die Straße? «Wenn du in Rom bist, nimm keine Tasche und kein Gepäck mit», schrieb Juvenal. Warnungen für tölpelhafte Touristen. Das Volk Roms blieb nachts hübsch zu Hause, löffelte seine Schüssel Dinkelbrei, erzählte sich bei flackerndem Kerzenlicht Geschichten von entlaufenen Gladiatoren, gefährlichen Räuberbanden und bösen Hexen, die unschuldige Menschen in Biber oder Schlimmeres verwandelten. Oder träumte von den Köstlichkeiten, mit denen die Reichen ihre Gäste verwöhnten. Eine andere Welt war das, eine, die man aus der Ferne bestaunen, aber niemals erreichen konnte. Selbst wenn sie sich nur wenige Meter von der eigenen, armseligen Bude entfernt abspielte.

Sklaven, in der Hand einen Bronzeleuchter, säumten den Weg von der Gartenpforte bis zum Eingang von Tiros *domus.* Tiro hatte gerade noch Zeit, sich die Schuhe ausziehen und die Füße waschen zu lassen, als der *nomenclator* schon die ersten Gäste ankündigte. Keine leichte Aufgabe, denn er musste nicht nur die Namen aller Gäste wissen, sondern auch deren Rang und Bedeutung, um sie auf den richtigen Platz im *triclinium,* dem Speisezimmer, zu führen. Auf dem Ehrenplatz des *lectus medius,* des mittleren Bettes am Fußende des Zitrusholztisches, sollte heute neben Tiro und seiner Frau Sulpicia der letztjährige *proconsul* Asiens und Historiker Publius Cornelius Tacitus liegen. Fabius Sura, dessen Ehefrau Faustina und der Senator Aulus Gellius Crassus wurden auf das *lectus summus* gebeten, die Liege links des Tisches. Senator Valerius Probus musste sich seine Liege rechts des Tisches mit zwei Klienten Tiros teilen. Das war zwar die in der Rangordnung niedrigste Liege, aber Probus war ja auch erst letztes Jahr zum Senator ernannt worden. Tiros Kinder Julia und Titus durften noch nicht im Liegen essen. Ihre Schemel standen vor der Liege der Eltern. Bei diesen endlosen Gesprächen über Politik, Kunst und Geschichte gähnte Titus meist schon nach dem

zweiten Gang. Außerdem würde Sulpicia ihnen ohnehin verbieten, sich die Tänze der Sklavinnen aus dem spanischen Gades anzusehen. Sulpicia hielt viel von einer strengen Erziehung. Und wesentlich weniger von den Darbietungen halb nackter Tänzerinnen, die sich zu Kastagnettengeklapper um die Liegen schlängelten.

Tiro küsste jedem seiner Gäste zur Begrüßung die Wangen, Sulpicia gab den Sklaven letzte Anweisungen. Warum sie die drei Dakier, die er erst vor kurzem auf dem Sklavenmarkt des Forum Boarium gekauft hatte, gleich bei einem Gastmahl einsetzen musste, war ihm unbegreiflich. Zugegeben, hübsch und stattlich sahen sie aus. Aber standen herum wie die Ochsen, zupften verlegen an ihren Tuniken und verstanden kaum drei Brocken Latein. Mit wachsender Ungeduld versuchte Sulpicia ihnen zu erklären, dass sie ihre Wasserschüsseln nach jedem Gang über die ausgestreckten Hände der Gäste zu gießen hatten. Die Bedienungen, *ministratores,* konnten schon kaum mehr ihre Obstschüsseln und Weinamphoren halten vor lauter unterdrücktem Lachen über so viel Verstocktheit. Sulpicia rollte die Augen. «Ich geb's auf», schien sie sagen zu wollen, als sie sich endlich neben Tiro legte.

Die Gäste breiteten schon ihre Servietten vor sich aus. Natürlich, Probus hatte wieder einmal die größte dabei. Ganz bestimmt würde er nach jedem Gang etwas von einem Lieblingssklaven murmeln, dem man doch diese Köstlichkeiten nicht vorenthalten könne, und dann ungeniert von allem etwas in seine Serviette wickeln. Gierschlund, der er ist, wird er sich die Hälfte davon noch auf dem Weg nach Hause in der Sänfte selbst in den Mund stopfen. Das letzte Mal hatte er das halbe Zicklein mit Saubohnen eingepackt.

Laren waren Schutzgeister der Familie, des Feldes und der Reisenden, deren Statuen in der Nähe des Herdes aufgestellt und verehrt wurden. Römer fühlten sich im Alltagsleben von einer ganzen Geister- und Götterwelt umgeben – oft den Geistern ihrer Ahnen. Die Toten wurden erst *lemures*, dann als gute Geister *lares*, als böse *larvae* und als unbestimmte *manes*. Vernachlässigte man sie durch lieblose, zu kleine oder zu wenige Opfer, schickten sie böse Träume.

Als alle sich bequem auf ihren linken Ellenbogen gestützt auf den Liegen ausgestreckt hatten, eröffnete Tiro das Gastmahl mit einem Trankopfer für die Hausgötter, die Laren. «Mögen die Götter uns gewogen bleiben und uns vor Unglück schützen.» Dann begannen die *ministratores* mit dem Auftragen des ersten Ganges. Salat, Gemüse, weich gekochte Eier und Fisch. Einige Sklaven verspritzten Duftöle im *triclinium*, um den Gestank der Öllampen zu überdecken. Genüsslich schlürfte Tiro seine Schale Honigwein. Er ließ sich nicht lumpen. Seinen Gästen bot er keinen billigen Fusel, sondern zwanzig Jahre alten Falerner, von dem er so einige Amphoren, fein säuberlich beschriftet und mit Pech verschlossen, in der Vorratskammer lagerte. Einen ganzen Nachmittag hatte es ihn gekostet, bis er den *ministratores* beigebracht hatte, wie man solchen Falerner mit Wasser mischte, damit er weder verpanscht noch zu dickflüssig serviert wurde.

Fabius gab unter Gelächter der anderen Gäste eben die Geschichte von dem Freigelassenen aus der Trajanstherme zum Besten, der so angeberisch über Laokoon doziert hatte, als der zweite Gang aufgetragen wurde: Hähnchen, mundgerecht von einem Sklaven zerlegt, damit sie leicht mit einer Hand zu essen waren, Schinken, Kohl und Flaschenkürbis auf alexandrinische Art. Fein abgeschmeckt mit Pfeffer, Kreuzkümmel, frischer Minze und zerstoßenen Datteln aus Jericho. «Elende Emporkömmlinge, diese Freigelassenen», ereiferte sich Senator Aulus Crassus. «Kaum nimmt ihnen einer das Sklavenhalsband ab, haben sie ihre Finger schon in allen möglichen Geschäften. Und ehe du zweimal blinzelst, zählen sie ihr Geld nach Scheffeln oder flüstern dem Kaiser weise Ratschläge ins Ohr.»

Titus sank vor Müdigkeit schon das Kinn auf die Tunika. Mit einem Händeklatschen ließ Sulpicia den *paedagogus* kommen und die beiden Kinder ins Bett bringen. «Keine Widerrede», mahnte Sulpicia ihre Tochter Julia, noch bevor die den Mund öffnen konnte. Elf Jahre zählte sie jetzt, schon bald würde man sich nach dem passenden Heiratskandidaten für sie umsehen müssen. Und natürlich empfand sie es als ungerecht, zur gleichen Zeit wie ihr kleiner Bruder Titus ins Bett geschickt zu werden. Wo sie doch so gerne gehört hätte, was bei den Gastmählern ihrer Eltern besprochen wurde. Damit hätte man die anderen Kinder in der Schule beeindrucken können. Leise vor sich hin maulend verließ sie das *triclinium.*

Lautlos räumten die *ministratores* die halb leeren Silberschalen vom Tisch, nur um neue zu bringen, dieses Mal mit Seezungen in einer Soße aus Liebstöckel und Oregano. Tacitus und Fabius Sura hatten sich wieder einmal in eine Diskussion über ihr Lieblingsthema verstrickt: Roms Probleme im Osten des Reiches. «Glaube mir, Tacitus, die Parther sind nicht die Einzigen, mit denen wir Schwierigkeiten bekommen werden. Man berichtet mir, dass es in allen Städten Konflikte gibt, in denen Judäer und Griechen zusammenleben. In Alexandria und sogar auf Zypern schänden sie sich gegenseitig Tempel und Synagogen. Jeder ist voller Hass auf die Religion des anderen.» – «Warum wollen die Judäer nicht einsehen», ereiferte sich Tacitus, «dass sie besiegt sind? Dass es keinen Sinn hat, sich gegen uns zu erheben? Wie lange ist es her, dass wir ihren Tempel zerstört und ihre Frauen und Kinder als Gefangene im Triumphzug durch Roms Straßen geführt haben? Gerade vierzig Jahre. Aber nein, sie halten an ihrem Aberglauben fest. Ein unsichtbarer Gott! Wer hätte davon schon gehört? Unsere Soldaten haben ihn jedenfalls nicht gefunden, als sie das Allerheiligste ihres Tempels in Jerusalem in Brand setzten.» Aulus Crassus ließ seine Weinschale sinken. «Habt ihr schon gehört», warf er ein, «dass der Kommandeur der Prätorianergarde Marcus Tullius ein Christ sein soll?» Sulpicia war sichtlich erschrocken. «Einer von diesen schrecklichen Menschen, die sich in geheimen Zusammenkünften treffen und unsere Götter missachten? Aber das ist doch eine Religion für Freigelassene und Sklaven, nicht für Leute edler Abstammung wie Marcus Tullius!» Tiro lachte. «Ja, weil sie predigen, dass jeder Mensch gleich ist. Und die Sklaven sind dumm genug, solche Eseleien zu glauben. Als hielten sie damit schon ihren Freilassungsbrief in den Händen.» – «Trotzdem», erwiderte Fabius Sura. «Der gesamte Osten ist schon angesteckt von dieser Sekte. In Syrien, besonders in Palmyra, verstecken sich die Christen gar nicht mehr, sondern feiern ihre seltsamen Kulte ganz frech in aller Öffentlichkeit.»

Ein Blick auf Tacitus' angewidertes Gesicht verriet Tiro, dass sein Ehrengast die Tänze der spanischen Sklavinnen gar nicht schätzte. Ganz so tugendhaft wie sein Freund Plinius, dachte er. Der weigerte sich sogar, zu Gastmählern zu erscheinen, bei denen derlei Darbietungen geboten wurden. «Genug jetzt», rief er den Sklavinnen zu, die flugs ihre Kastagnetten sinken ließen. Und dafür hatte man viel Geld ausgegeben. Damit so ein Miesepeter die Nase kraus ziehen konnte. Na, vielleicht munterte ihn die Nachspeise wieder auf. Man wusste ja, dass Tacitus es schätzte, wenn man ihm mitten im Winter frisches Obst, Pflaumen aus Damaskus und Datteln aus Judäa anbot. Das war eben nur in der Hauptstadt möglich, auch wenn es eine gehörige Stange Sesterzen kostete.

Bestimmt drei Stunden hatten sie bei Wein und Essen gelegen, als Tacitus sich ein letztes Mal die Hände waschen ließ, um dann nach seinen Schuhen zu verlangen. Die anderen Gäste verstanden das Zeichen wohl. Wenn er als Ehrengast gehen wollte, dann durfte man die Tafel als aufgehoben betrachten. Alt ist er geworden, der Tacitus, dachte Tiro, ein bisschen griesgrämig und schwarzseherisch, seit vor einem Jahr sein Freund Plinius gestorben ist. Kann man ja verstehen, die beiden kannten sich aus Jugendzeiten und hatten wer weiß wie viele Briefe gewechselt. Tiro brachte seinen Ehrengast noch bis zur Gartenpforte, wo die Sänftenträger im Schein ihrer Fackeln warteten. «Zieh die Stirn nicht in solche Sorgenfalten über den Partherkrieg und diese albernen Sekten», rief er seinem Freund zum Abschied zu. «Was soll unser Römisches Reich schon erschüttern? Hätten wir denn seit bald tausend Jahren immer gesiegt, wenn die Götter nicht auf unserer Seite wären? Wir werden ewig bestehen.»

Woher ein Römer weiß, ob er pünktlich ist

Bis 263 vor Christus lebten die Römer glücklich ohne Zeitdruck. Man stand mit Sonnenaufgang auf und ging mit Sonnenuntergang zu Bett. Dann brachten Legionäre als Beute eine Sonnenuhr aus dem von Griechen besiedelten Sizilien mit und installierten sie auf einem öffentlichen Platz Roms. Viel genützt hat das nicht: Die Uhr war auf einen anderen Breitengrad eingestellt und lief deshalb falsch. Erst knapp hundert Jahre später bauten die Römer eine eigene Sonnenuhr – danach kamen die *horologia*, die Stundenzähler, in Mode. Einige Reiche ließen sich *horologia* in den Innenhöfen ihrer Häuser anbringen und aus lauter Stolz auf das Wunderwerk der Technik die vollen Stunden von Sklaven ausrufen.

Bei bedecktem Himmel, nachts oder in geschlossenen Räumen nützte eine Sonnenuhr natürlich wenig. So kam die Wasseruhr auf, die nach dem Prinzip der Sanduhr funktionierte. Aus einem Gefäß lief Wasser in ein darunter gestelltes zweites Gefäß, das mit einer Skala markiert war. Auf die Minute pünktlich waren Römer dennoch nicht, denn es war leichter, bemerkte der Philosoph Seneca, «zwischen Philosophen Einigkeit herzustellen als zwischen Uhren». Man verabredete sich eben ungefähr zur dritten Stunde. Das wäre, vom Sonnenaufgang im Sommer an gezählt, zwischen sieben und acht Uhr gewesen.

Zählte man die Stunden nach der Sonne, so wurde das Jahr zunächst nach dem Mond eingeteilt. In der Frühzeit der römischen Republik hatte ein Assistent des Oberpriesters, des *pontifex maximus*, den Eintritt des Neumondes zu beobachten. Das Ereignis wurde auf dem Capitol ausgerufen. Aus dem Ausrufen – *calare* – wurde das *calendarium* und schließlich unser Kalender. Wobei *calendarium* für den Römer nur bedeutete, dass schon wieder der Erste des Monats war und er seine Miete oder etwaige Schulden zu begleichen hatte.

Vermutlich zählten die Römer der Frühzeit nur zehn Monate.

Das Jahr begann mit dem «Mars», unserem März, denn mit diesem nach dem Kriegsgott benannten Monat fing die Kriegssaison an. Im Winter wurde nicht gekämpft, da Soldaten in Ermangelung fester Straßen bei Regen oder Schnee nur schlecht vorwärts kamen. Der April bekam seinen Namen vermutlich nach dem Wort *aperire,* öffnen, da sich in diesem Monat die Natur öffnete, der Mai nach der Göttin des Wachstums, Maia, der Juni nach der Göttin Juno. Die letzten Monate Oktober, November und Dezember wurden nach den Zahlwörtern «acht, neun und zehn» (*octo, novem, decem*) benannt. Erst später wurden der Januar – nach dem Gott des Anfangs Janus – und der Februar hinzugefügt. Offensichtlich machten die Römer im Februar Hausputz, denn *februum* war eine Art Schwefel. Ein Reinigungs- und Räuchermittel, der Februar «Reinigungs- und Sühnemonat».

Nur ging das nach dem Mond berechnete Jahr nicht auf. Die für den Kalender zuständigen Priester mussten Schalttage oder sogar -monate einfügen. Das taten sie recht willkürlich. Römer unterschieden ihre Tage in *dies fasti,* an denen Recht gesprochen werden durfte, *dies nefasti,* an denen alle Rechtsangelegenheiten ruhten, und *dies comitiales,* an denen Volksversammlungen stattfinden durften. Manche Priester, die meist aus der Adelsschicht stammten, rückten einfach Schalttage oder -monate ein, wenn eine Volksversammlung stattfinden sollte, die ihnen nicht passte – und verschoben so das unerquickliche Ereignis.

Erst Gaius Julius Caesar räumte gänzlich mit der Kalendermanipulation auf, die obendrein zu heillosem Durcheinander führte. Er hatte in Ägypten den schon im 5. Jahrtausend vor Christus exakt nach der Sonne berechneten Kalender kennen gelernt. Nach ägyptischem Vorbild teilte er 46 vor Christus das Jahr in 365 und einen Viertel Tag ein, was alle vier Jahre einen Schalttag erforderte. Um Ordnung in den alten Mondkalender zu bringen, musste er für das Jahr 46 ganze neunzig Schalttage einfügen. Ihm zu Ehren wurde der siebte Monat «Julius» genannt, sein Nachfolger wurde mit «Augustus» beschenkt. Damit aber Augustus dem Julius in nichts nachstand, nahm man dem Februar einen Tag und gab ihn dem August. Weshalb beide Monate 31 Tage zählen.

Und die Jahreszahl? Die berechneten Römer *ab urbe condita* – nach dem Jahr der Gründung ihrer Stadt 753 vor Christus. Gaius Mauricius Tiro empfing an einem Wintertag zur ersten Stunde, also zwischen sieben und acht Uhr, seine Klienten. Nach seiner Rechnung schrieb er das Jahr 866 seit der Gründung Roms. Nach unserer Zeitrechnung das Jahr 113 nach Christus.

«Nichts, was wir im täglichen Gebrauch verwenden können, erfahren unsere jungen Leute in den Schulen.» PETRONIUS

ROMS BILDUNGSANSTALTEN

Stumpfsinn mit Methode: der Unterricht

Die Kaiser des Reiches gaben Millionen für Paläste, Aquädukte und Thermen aus. Ganze Vermögen wurden für Festessen oder Gladiatorenspiele verjubelt. Doch auf die Idee, öffentliche Schulen zu bauen, kamen die Herrscher nicht. Junge Römer wurden von schlecht bezahlten Sklaven unterrichtet, für die weder die Erwachsenen noch die Schüler viel Respekt aufbrachten. «Wenn es um Erziehung geht, verhalten sich die meisten lächerlich», schrieb der Historiker Plutarch. «Sie geben den tüchtigsten Sklaven die Aufsicht über ihre Äcker, Schiffe, über ihren Handel und Haushalt. Ist aber ein zur Arbeit untauglicher Fresser und Säufer da, so übergibt man ihm ohne Bedenken die Kinder.»

Der Unterricht begann frühmorgens, noch vor Sonnenaufgang. Für die reichen Kinder bei einem Privatlehrer im eigenen Haus oder in einer der wenigen angesehenen Schulen. Für die Kinder der Ärmeren gab es meist nicht einmal Schulräume. Unter dem Dach irgendeines Ladens wurden für den *ludus litterarius*, die Grundschule, einfach eine Tafel, ein paar Stühle und Tische aufgestellt, auf denen die Schüler ihre flackernden Talglampen, Griffel und Wachstäfelchen ablegen konnten. Dicht gedrängt saßen Jungen und Mädchen zwischen fünf und zwölf Jahren im Straßenlärm der Großstadt zusammen und lernten ohne Pause bis in die frühen Nachmittagsstunden. Das ganze Jahr hindurch, außer an Markttagen und in den Sommerferien.

In hoffnungsloser Eintönigkeit sprachen sie erst einmal der Reihe nach die Buchstaben des Alphabetes nach. Es vergingen Monate und Jahre, bis sie die Buchstaben mühselig von der Tafel abschreiben, Silben zusammensetzen und schließlich holprig lesen und schreiben konnten. Danach arbeiteten sie sich durch das Zwölftafelgesetz, eine Sammlung von Rechtssprüchen, die im 5. Jahrhundert vor Christus aufgezeichnet wurden. Offensichtlich sollten die kleinen Römer beizeiten zu guten Staatsbürgern erzogen werden. Der Mathematikunterricht verlief nach dem gleichen drögen Muster. Die Kinder lernten erst das Abzählen der Einer an den Fingern, eins (I) und zwei (II) an der rechten, drei (III) und vier (IV) an der linken Hand. Fünf (V) bedeutet eine ganze Hand, sechs (VI) eine Hand plus ein, sieben (VII) eine Hand plus zwei usw. Dann übten sie die Zehner (X), Hunderter (C) und Tausender (M) mit kleinen Kieselsteinchen, den *calculi*, auf Rechentafeln. «Man müsste doch verhüten», schrieb der berühmte Lehrer und Redner Marcus Fabius Quintilianus im 1. Jahrhundert unserer Zeitrechnung, «dass ein Kind, das geistige Arbeit noch nicht lieben kann, sie stattdessen zu hassen lernt und die bitteren Erfahrungen der frühen Jugend auch noch über die Kinderjahre hinaus voll Angst und Abscheu bewahrt.» Quintilian blieb ein Ausnahmepädagoge. Die Kinder nahmen die Lehrer nicht ernst, denn die waren ja nur Sklaven. Die Lehrer, oft genug unfähig und ungeduldig, rächten sich an den Kindern. Prügel gehörten zum Schulalltag. Selbst der bissige Martial empfand so viel Mitleid, dass er ein Gedicht mit dem Titel «Die großen Schulferien» schrieb: «Schulmeister, schone doch die simple Jugend. (...) Die böse Rute auch, das Paukerzepter, lass bis zum 15. Oktober schlafen. Ein Kind, gesund im Sommer, lernt genug.»

Anständiges Verhalten ist eine Seltenheit bei der heutigen Jugend. Wie wenige fügen sich doch im Bewusstsein ihrer Unterlegenheit dem Alter oder der Autorität eines anderen Menschen! Gleich sind sie klug, gleich wissen sie alles, zollen niemandem Achtung, streben niemandem nach und sind sich selbst Vorbild! (Plinius der Jüngere)

Für die nichtadligen Römer, für die Ärmeren, die sich keine eigenen Sklaven leisten konnten, für Familien, in denen beide

Elternteile arbeiteten, waren Schulen keine Lehranstalten, sondern eine Art billiger Kinderhort. Dass der Nachwuchs dabei ein bisschen lesen und schreiben lernte, konnte nicht schaden. Doch jegliche Neugierde auf die Welt des Wissens erstickten diese Schulen im Keim, ohne die Kinder wenigstens mit praktischen Fähigkeiten auf das Leben vorzubereiten. Selbst wenn Römer der unteren Schichten ein paar Jahre ihren Unterricht abgesessen hatten, beauftragten sie lieber Schreiber, sobald sie einen Brief in gedrechseltem, offiziellem Latein zu verfassen hatten. In der Armee beschwerten sich Offiziere, dass die einfachen Legionäre nicht einmal die Buchführung ihrer Einheit übernehmen konnten. Was die Römer brauchten, lernten sie erst im Beruf. Von einem Schreiner-, Steinmetz- oder Bäckermeister, der sie in die Lehre nahm. Vom Ladenbesitzer, dessen Kasse sie führen sollten, oder von ihren Vorgesetzten in den unteren Rängen des Verwaltungsapparates.

Marcus Fabius Quintilianus wurde um 35 n. Chr. im nördlichen Spanien geboren. Seine Ausbildung absolvierte er in Rom, ging aber danach wahrscheinlich für einige Zeit nach Spanien zurück. Als Kaiser Vespasian die erste staatliche Rednerschule Roms mit besoldeten Lehrern einrichtete, ernannte er als einen der ersten Dozenten Quintilian. Zwanzig Jahre unterrichtete Quintilian die Kunst der Rede und befasste sich mit dem römischen Schulwesen. Dann zog er sich in den Ruhestand zurück und veröffentlichte sein Lehrbuch *Institutio Oratoria*. Er starb vermutlich im Jahr 96 n. Chr.

Höhere Schulen und damit Bildung, die über holpriges Lesen und Schreiben oder ein bisschen Rechnen hinausging, blieb den Reichen vorbehalten. Hatten sie die Grundschule hinter sich gebracht, wurden die Jungen zum *grammaticus* geschickt. Die Mädchen blieben fortan zu Hause, machten Handarbeiten, lernten, sich zu schminken und hübsch anzuziehen, und warteten darauf, geheiratet zu werden. Denn sie galten als erwachsen. Doch auch in den höheren Schulen wurde nicht fürs Leben gelernt, sondern gepaukt, was angesehen war. Was zum Bildungsschatz eines vornehmen römischen Bürgers gehörte: die Klassiker der Literatur, Legenden von Göttern und Helden, die Kunst der Rede und vor allem Griechisch.

Das Vorbild der Griechen – und was davon blieb

Roms Bildungsanstalten entstanden nach einer Eroberung und aus einem Gefühl der Unterlegenheit heraus. Als die Römer im 2. Jahrhundert vor Christus Griechenland unterwarfen, galten sie schon als neue Weltmacht, deren Armee unschlagbar war. Sie eroberten ein Land, das die größten Denker hervorgebracht, dessen Philosophen mathematische Theorien entwickelt hatten, die bis heute gültig sind. Griechische Schulen standen allen Kindern offen, gleich welcher Schicht sie angehörten. Denn kultiviert zu sein war das Ideal in Griechenland, und dazu gehörte, sich in Kunst oder Philosophie, in Naturwissenschaften und Mathematik auszukennen oder im *gymnasion* Sport zu treiben.

Die Römer hingegen waren stolz, von einem Bauernvolk abzustammen. Wenn sie von Tugenden, von ihrem Wertesystem redeten, dann meinten sie das *mos majorum*, die «Sitte der Vorväter». Das bodenständige, einfache Leben eines Landwirts. Selbst als die Römer zu Städtern wurden, die durchaus die Annehmlichkeiten des Lebens zu genießen wussten, demonstrierten die Reicheren auf ihren Gütern ihre Erdverbundenheit; pflanzten hier und dort ein Olivenbäumchen oder übten sich im Pflügen. Ihr Verhältnis zu den Griechen blieb widersprüchlich. Sie bewunderten sie, aber empfanden sie anfänglich mit all ihrer Kultiviertheit auch als dekadent.

Die Griechen ergaben sich den neuen Herrschern. Aber sie hielten ihre Eroberer für ihnen geistig unterlegene Raubeine und Bauerntrampel. Sollten die siegreichen Römer dulden, sich von den Griechen als Barbaren bespötteln zu lassen? Rom hätte Griechenland, seine Schulen, Akademien und Bücher zerstören können. Doch es verhielt sich geschickter. Die Römer begriffen, dass Wissen Macht ist. Sie importierten Griechenlands Wissen und behielten es der Oberschicht vor. Und die Griechen sahen ein, dass das neue Zentrum der Welt in Rom lag. Wer als Arzt, Philosoph oder Lehrer Karriere machen wollte, musste sich schon unter die Barbaren begeben.

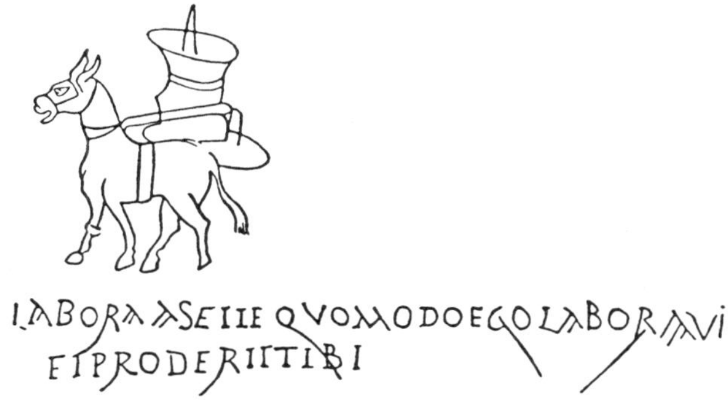

Graffito eines römischen Schülers, gefunden im *paedagogium* am Palatin: «Mühe dich ab, Eselchen, wie ich mich abgemüht habe, und es wird dir nützen.»

Griechisch war und blieb die Unterrichtssprache der höheren Schulen im ganzen Römischen Reich, die Sprache der Gebildeten. So wie sich die gelehrte Oberschicht des Mittelalters des Lateinischen bediente, man in Europas adligen Kreisen des 18. Jahrhunderts Französisch parlierte und heute Englisch als Muss gilt. Doch ein Schulsystem, das im kultivierten Griechenland über Jahrhunderte gewachsen war, ließ sich nicht einfach ins grobschlächtigere Rom verpflanzen, ohne an Lebendigkeit und Gehalt zu verlieren.

Roms Schüler hätten nach der schrecklichen Zeit der Grundschule wenigstens beim *grammaticus* ein ganzes Universum an Wissen kennen lernen können. Immerhin stand dem Lehrer nun eine zweisprachige Bibliothek zur Verfügung, die griechische wie die lateinische. Jetzt wurden Homers Epen vom Untergang Trojas, die *Ilias,* und den Irrfahrten des Odysseus, die *Odyssee,* behandelt. Oder die *Aeneis* des römischen Dichters Vergil, in der er die Gründung Roms beschreibt. Werke, die im Lateinunterricht unserer Zeit gelesen werden, Ovids Liebesgedichte, die Reden des Republikaners Cicero oder Caesars Beschreibung des Gallischen Krieges lernten die römischen Schüler selten kennen – sie galten selbst in den späteren Jahren des Römischen Reiches noch als zu zeitgenössisch.

Die Neugierde auf die Welt, den Menschen, seine Irrungen und Wirrungen wurde durch die Beschäftigung mit den Klassikern nicht befördert. Es ging nicht darum, sie zu befragen und zu verstehen, sondern darum, sie auswendig zu lernen und mit ihnen zu glänzen. Ganze Absätze mussten die Schüler vor versammelter Klasse aus dem Gedächtnis aufsagen. Man galt ja als gebildet, wenn man eine Stelle aus der *Aeneis* oder der *Odyssee* zitieren konnte. Also diente die Literatur vornehmlich als Steinbruch für Zitate. Daneben interessierten höchstens noch die Stilmittel, die der Autor benutzte. Was die weite Welt des Wissens anbetraf, streiften die Schüler nur das, was in den Büchern gerade vorkam, alles andere blieb außen vor. Der Altertumswissenschaftler Jérôme Carcupino konnte darüber richtig in Rage geraten: «Man studierte die Musik, soweit von ihr das Verständnis der Chöre in den griechischen Tragödien abhing; die Geographie, wenn es Odysseus auf den Irrfahrten zu folgen galt; die Geschichte, weil ohne sie manche Stelle der *Aeneis* unverständlich geblieben wäre; die Astronomie, sobald in einem Vers ein Stern auf- oder unterging; die Mathematik, soweit von ihr Musik und Astronomie abhingen.»

Die hohe Kunst der Rede

Mit solch «klassischer Bildung» ausgestattet, rückten die reichsten, wenn auch nicht immer begabtesten Schüler in die höchste Stufe römischer Ausbildung vor: die Rhetorikschule.

Eine Ausbildung zum Redner klingt nicht gerade nach einer zukunftsträchtigen Karriere. Doch in den 500 Jahren der römischen Republik war die Beherrschung der *magna eloquentia*, der großen Redekunst, Voraussetzung für eine erfolgreiche öffentliche Laufbahn. Ging es um politische Entscheidungen, ob Rom einem Gegner den Krieg erklärte, neue Konsuln ernannte oder die Steuern erhöht wurden, so debattierten entweder die Senatoren untereinander. Oder

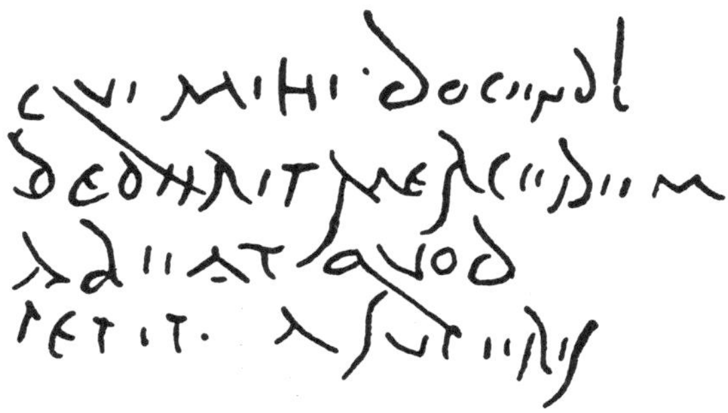

Graffito eines Lehrers aus Pompeji:
Oui mihi docendi dederit mercedem, (h)abeat quod petit a superis. –
«Wer mir mein Unterrichtshonorar gibt, soll alles bekommen, was er von den Göttern erbittet.»

die Volkstribune hielten feurige Reden an die Plebejer Roms. In Gerichtsverhandlungen entschieden die Richter oft nach dem besseren Plädoyer. Ein *orator* hatte nicht nur eloquent zu sein. Er musste auch das Verwaltungs- oder Strafrecht Roms genau kennen. Früher, schrieb der Historiker Tacitus, «wurde ein junger Mann, der für das Forum und die Beredsamkeit ausgebildet wurde, von seinem Vater oder einem Verwandten einem Redner zugeführt, der eine führende Stellung im Staat einnahm. So machte man sie mit der wahren und unverfälschten Redekunst vertraut; obwohl sie sich nur einem anschlossen, lernten sie doch alle Anwälte ihrer Zeit in sehr vielen Zivil- und Kriminalprozessen kennen.»

Im 1. Jahrhundert vor Christus, als auf dem Forum Romanum wahre Redeschlachten ausgefochten wurden, entstanden die ersten Rhetorikschulen. Doch die Kunst der Rede ließ sich nicht einfach vermitteln, indem man den Schülern eine Reihe von Wendungen beibrachte. Sie lebte vom Talent eines *orators,* seiner Kraft, Menschen mitreißen, überzeugen oder auch besänftigen zu können. Und von ihren Entfaltungsmöglichkeiten, die in der späten römischen Republik mit ihren heftigen politischen Auseinandersetzungen gegeben waren. Die Beredsamkeit der römischen Politiker beschäftigte

Beginn der Leichenrede des Marcus Antonius auf seinen von Brutus ermordeten Freund Caesar:

«Mitbürger! Freunde! Römer! Hört mich an;
Begraben will ich Caesar, nicht ihn preisen.
Was Menschen Übles tun, das überlebt sie,
Das Gute wird mit ihnen oft begraben.
So sei es auch mit Caesar! Der edle Brutus
Hat Euch gesagt, daß er voll Herrschsucht war;
Und war er das, so war's ein schwer Vergehen,
Und schwer hat Caesar dafür auch gebüßt.
Hier, mit des Brutus' Willen und der andern –
Denn Brutus ist ein ehrenwerter Mann,
Das sind sie alle, alle ehrenwert –,
Komm ich bei Caesars Leichenzug zu reden.
Er war mein Freund, war mir gerecht und treu,
Doch Brutus sagt, daß er voll Herrschsucht war,
Und Brutus ist ein ehrenwerter Mann.
Er brachte viel Gefang'ne heim nach Rom,
Wofür das Lösegeld den Schatz gefüllt.
Sah das nach Herrschsucht wohl an Caesar gleich?
Wenn Arme zu ihm schrien, so weinte Caesar:
Die Herrschsucht soll aus härterm Stoff bestehn.
Doch Brutus sagt, daß er voll Herrschsucht war.
Und Brutus ist ein ehrenwerter Mann ...»

(Aus: William Shakespeare, *Julius Caesar*, in der Übersetzung von August Wilhelm von Schlegel)

noch Jahrhunderte später die genialsten Köpfe. William Shakespeare dichtete in seiner Tragödie *Julius Caesar* die Rede des Caesar-Freundes Marcus Antonius nach, die er kurz nach der Ermordung des Diktators hielt. Sie ist ein Glanzstück der Manipulation durch Eloquenz. Soeben noch jubelt die Masse dem Tyrannenmörder Brutus zu. Doch dann hebt Marcus Antonius zu seiner Grabrede an, erwähnt scheinbar nebenbei die Größe Caesars, dessen Ehrenhaftigkeit und Mitgefühl für die Armen Roms. Und betont gleichzeitig, erst beinahe unterwürfig, dann immer spöttischer, die «ehrenwerten Motive» der Tyrannenmörder. Bis er die Masse so umgedreht hat, dass sie die Caesar-Mörder am liebsten lynchen würde.

Mit dem Untergang der Republik aber und der folgenden Kaiserzeit begann die Tyrannei. Mit der Tyrannei wurde das freie Wort erstickt. Die wichtigsten Entscheidungen trafen nicht mehr die Senatoren, sondern die Herrscher oder ihre Verwaltungsbeamten. Das Recht war oft kein Recht mehr, sondern Willkürjustiz. Und wer wagte es, die Missstände öffentlich anzuprangern, wenn unter manchen Kaisern auf Majestätsbeleidigung die Todesstrafe stand? So erschöpfte sich die Lehre von der *magna eloquentia* bald in der Unterrichtung von hohlen Phrasen. In den Rednerschulen wurden die angehenden *oratores*, die zukünftigen Anwälte und Politiker, bald möglichst weit von der Wirklichkeit abgeschottet.

Seneca der Ältere, der den Untergang der Republik und den Beginn der Monarchie erlebt hatte, galt als Paradebeispiel dieser Methode. Er veröffentlichte zwei Lehrbücher mit Übungsstoffen für seine Schüler und seine drei Söhne; eine Sammlung weit hergeholter Fälle wie: Spaziergänger wandern am Strand von Ostia umher. Sie treffen einen Fischer und vereinbaren mit ihm, den nächsten Fang unbesehen zu kaufen. Natürlich zieht der Fischer mit seinem Netz ganz zufällig einen Goldbarren an Land, für den die Spaziergänger nur den gleichen, geringen Preis zahlen wollen. Dazu hatten seine Schüler ein Plädoyer zu halten, in dem sie begründeten, welcher Partei sie Recht gaben und aus welchen Gründen.

«Ich glaube, dass unsere jungen Leute in den Rednerschulen verdummt werden, denn nichts, was wir im täglichen Gebrauch verwenden können, hören oder sehen sie dort – nichts als Piraten, die mit Ketten am Ufer stehen, oder Tyrannen, die Befehle erlassen, wonach Söhne ihren Vätern das Haupt abschlagen sollen, oder Orakelsprüche bei einem Ausbruch von Pest, die verlangen, dass drei oder mehr Jungfrauen geopfert werden. Wer mit solcher Kost aufgepäppelt wird, der kann so wenig zur Weisheit gelangen, wie einer gut riechen kann, der in der Küche arbeitet.» So schrieb der Dichter Petronius in der Vorbemerkung zu seinem Roman *Satyrikon*. Er war nicht der Einzige, der die Ausbildung der jungen Römer für verfehlt hielt. Fast alle klugen Köpfe der Kaiserzeit, Tacitus wie Martial, Juvenal wie Quintilian, kritisierten das römische Schulwesen heftig. Geändert hat es sich bis zum Untergang des Römischen Reiches nicht.

Wie es zum ersten lateinischen Taschenbuch kam

Lesen erforderte vom Römer volle Konzentration. Weder konnte er nebenbei ein paar Trauben naschen noch es sich mit einem Buch auf dem Sofa bequem machen. Er brauchte beide Hände, denn sein Buch war eine Rolle. Mit einer Hand wickelte er das an Stäben befestigte «Buch» ab, sodass er eine ganze, von links nach rechts beschriebene Seite lesen konnte, mit der anderen wickelte er die *volumen* genannte Rolle wieder auf.

Geschrieben wurde auf Papyrus, einer ägyptischen Staudenpflanze. Der Naturforscher Plinius beschreibt genau, wie das Papier der Antike hergestellt wurde. Man zerschnitt die Stängel in schmale Streifen, legte sie bis zu einer Breite von 30 Zentimeter nebeneinander und eine zweite Schicht Papyrusstreifen im rechten Winkel darüber. Dann wurden die beiden Schichten mit einem Holzhammer bearbeitet, bis der klebrige Saft der Pflanze die beiden Lagen fest und glatt zusammenfügte. Papyrusseiten ließen sich wunderbar aneinander kleben und aufwickeln. Und weil der Rohstoff, das Papier, auf Rollen geliefert wurde, beschrieb man eben Rollen.

Und zwar mit der Hand. Schreiber, meist Sklaven, vervielfältigten nach Diktat die Bücher eines Autors. Einige Werke erreichten sogar eine Auflage von tausend Exemplaren. Auch in der Antike gab es schon Bestsellerautoren, deren Bücher dann in den Auslagen der Buchhandlungen ausgestellt wurden, während andere Rollen in den hintersten Winkeln der Regale verstaubten und zu Schleuderpreisen verramscht wurden. Von manchen Büchern wurden Sonderausgaben auf besonders feinem Papyrus hergestellt – sie waren dementsprechend teurer und wurden gerne verschenkt. Den Buchtitel (*titulus*) schrieben die Verleger in knalligem Rot auf ein Schildchen, das man an die Rolle knüpfte. Dass es Buchhandlungen vermutlich im ganzen Imperium gab, wissen wir von Martial. Er berichtete stolz von einer Reise, dass seine Gedichte auch in einer Buchhandlung im heutigen Lyon zu bekommen waren.

Römer kannten neben oft recht großen privaten auch öffentliche Bibliotheken mit geregelten Lesestunden und Ausleihzeiten sowie dem üblichen Hinweis, Bücher bitte nicht zu stehlen. Meist waren die Bibliotheken Geschenke der Kaiser. Sie wurden, oft als Doppelbibliothek jeweils für griechische und römische Literatur, auf den Kaiserforen oder auch in den Thermen gebaut.

Schlafzimmer und Bibliotheken müssen gegen Osten gerichtet sein, denn ihre Benutzung erfordert die Morgensonne, und ferner modern dann die Bücher in den Bibliotheken nicht. In Räumen, die nach Süden und Westen liegen, werden die von dort einziehenden feuchten Winde Bücherwürmer und Schimmel hervorbringen, die die Bücher verderben. (Vitruv, römischer Architekt)

Klagen über die brotlose Kunst des Schreibens waren auch im alten Rom gang und gäbe. Es gab kein Copyright. Jeder konnte eine Buchrolle so oft abschreiben und weiterverkaufen oder verschenken, wie es ihm gefiel. Römer mit schriftstellerischen Ambitionen mussten meist selbst für die Abschriften und den Vertrieb ihrer Werke sorgen. Und die wenigen Verleger, die das Buchgeschäft professionell betrieben, zahlten recht armselige Honorare. Selbst wenn sie so verständnisvoll für die Macken ihrer Autoren waren wie Atticus, der seine Edelfeder Cicero noch während des Abschreibens der Buchrollen Korrekturen anbringen ließ.

Papyrus war eine ägyptische Pflanze und im trockenen, heißen Ägypten erhielt sich das Papier gut. In anderen Klimazonen zerfielen die Buchrollen schnell. Im 2. Jahrhundert unserer Zeitrechnung kam unsere heutige Buchform auf, die *codices*, was eigentlich «von einem Holzklotz abgeschnittene Scheiben» bedeutet. Ursprünglich waren die *codices* aus mehreren Holztäfelchen zusammengebundene Notizbüchlein. Die «Seiten» wurden mit einer Wachsschicht überzogen, in die man mit dem scharfen Ende des Griffels hineinritzte und mit dem flachen Ende wieder radierte. Dann ging man dazu über, Papyrus oder Pergament aus gegerbtem Tierleder in ganzen Bögen einzubinden. Stück für Stück wurden die Klassiker in *codices*-Neuausgaben veröffentlicht – weshalb ein Teil der lateinischen Literatur überhaupt erhalten blieb. Der Satiriker Martial war sehr angetan von dieser Erfindung. Die kleinen Bändchen seien «bequem zu handhaben und deshalb als Reiselektüre äußerst tauglich». Damit hatte er die erste Taschenbuchausgabe seiner Satiren beschrieben.

«Wir wollen so gar nichts Neues hinzulernen.»
PLINIUS DER ÄLTERE

WISSEN UND GLAUBEN

Die Römer als Wissensverwalter

Am 24. August des Jahres 79 nach Christus, gegen Mittag, verfinsterte sich der Himmel über der Bucht von Neapel. Bedrohlich wie ein Atompilz stieg eine Wolke auf, schmutzig und fleckig. Gaius Plinius Secundus, ein rundlicher Herr von 56 Jahren und Kommandeur der römischen Flotte in Misenum, hatte soeben kalt gebadet, einen Imbiss genommen und las jetzt. Da bemerkte er die seltsame Erscheinung. Brennend interessiert an den Naturwissenschaften, beschloss er, sich die Sache näher anzusehen. Gerade wollte er ein Boot klarmachen lassen, als ihn ein Bote mit dem Hilferuf einer Bekannten erreichte. Ihr Besitz lag am Fuß des Vulkans Vesuv, sie ängstigte sich und wollte in Sicherheit gebracht werden. Also stellte Plinius eine Rettungsflotte für die dicht besiedelte Küste zusammen und «eilte dorthin, von wo andre flohen», schrieb dessen Neffe, Plinius der Jüngere, später in einem berühmt gewordenen Brief an den Historiker Tacitus. Wie immer hatte der Flottenkommandeur auch seinen Sekretär mitgenommen, der die Beobachtungen seines Herrn getreu notieren musste.

«Asche fiel auf die Schiffe, immer heißer und dichter, bald auch Bimsstein und schwarze, halb verkohlte, vom Feuer geborstene Steine.» Den Hafen von Pompeji konnte Plinius' Schiff schon nicht mehr anlaufen, große Felsbrocken blockierten das Ufer. Also ließ er wenden und sein Schiff in Stabiae, auf der anderen Seite der Bucht, vor Anker gehen, um eine ruhigere See abzuwarten und dann möglichst viele Bewohner in Sicherheit bringen zu lassen. In der Zwischenzeit legte er sich im Haus seines Freundes Pomponianus seelenruhig zu einem Mittagsschläfchen nieder. Doch die See beruhigte sich nicht, vom Vesuv her «leuchteten an mehreren Stellen weite Flammenherde und hohe Feuersäulen auf». Als der Ascheregen die Bewohner Stabiaes unter sich zu begraben drohte, beschloss man, die Flucht zu wagen. Man weckte Plinius, dessen Schnarchen sogar hinter verschlossener Zimmertür zu hören war, band sich Kissen auf den Kopf, um sich vor den Lavabrocken zu schützen, und flüchtete zum Strand. Doch dann «jagten Flammen und als ihr Vorbote Schwefelgeruch alle in die Flucht». Plinius brach tot zusammen, «vermutlich, weil ihm der dichte Qualm den Atem benahm», glaubte dessen Neffe. Als der Ausbruch drei Tage später vorüber war, «fand man seinen Leichnam unberührt und unverletzt, einem Schlafenden eher als einem Toten ähnlich». Die Städte Pompeji, Herculaneum und Stabiae am Fuße des Vesuv existierten nicht mehr. Sie, und viele ihrer Bewohner, waren unter Lava und Asche begraben worden.

Plinius «der Ältere», Flottenkommandeur von Misenum, davor Offizier, Anwalt und hoher Verwaltungsbeamter in den Provinzen Syrien und Spanien, hinterließ der Nachwelt nicht nur Aufzeichnungen vom Ausbruch des Vesuv. Jeden Moment seiner freien Zeit hatte er damit verbracht, die bekannten wissenschaftlichen Werke, insgesamt «327 griechische und 136 lateinische Autoren», zu durchforsten, «Glaubhaftes von Unglaubhaftem» zu trennen und in 37 Bänden seiner *Historia Naturalis,* seiner «Naturgeschichte», aufzuzeichnen. Darin beschäftigte er sich mit der Welt und den Elementen oder der Entstehung und Beschaffenheit des Menschen genauso wie mit Zoologie, Botanik, Metallkunde, mit der Heilkunst, Magie oder sogar der Malerei und den Farben. Stolz vermerkt er am Ende des 37. Bandes, dass «auf dem ganzen Erdkreise und so weit das Gewölbe des Himmels reicht, Italien das schönste und daher mit Recht den obersten Platz alles Erschaffenen behauptende Land ist». Und dass er der Einzige der *quirites,* der römischen Bürger, sei, der «die Natur, die Mutter aller Dinge, in allen seinen Werken verherrlicht hat».

Weit über den Untergang des Römischen Reiches hinaus blieb Plinius' *Historia Naturalis* **das** Nachschlagewerk der Gelehrten. Sie behandelten es wie einen Steinbruch, klopften Brauchbares heraus und ließen liegen, was nicht in das neue Weltbild des Christentums passte. Im Mittelalter wurde die Wissenschaft zur Sklavin der Religion. Gott hatte, so stand es in der Bibel und so glaubten die Menschen, die Welt in sechs Tagen erschaffen, und die Erde war eine Scheibe. Plinius hätte vermutlich gelacht über so viel Unverstand. Für ihn war die Welt und «das, was wir Himmel nennen, etwas Göttliches, Ewiges, Unermessliches, welches weder erzeugt ist noch untergehen wird». Und die Erde natürlich «eine vollkommene Kugel». Die antiken Autoren wussten noch nichts von der Schwerkraft. Aber Plinius hielt es für ausgemacht, «dass die Erde sich selbst hält, kein Ende oder Anfang hat und der Auf- und Untergang der Sonne es außer Zweifel setzen, dass die so gestaltete Welt im ewigen ununterbrochenen Umlauf mit unbeschreiblicher Schnelligkeit ihre Bahn in 24 Stunden vollendet». Wer die Kugelform für unmöglich hielt, da ja Wasser eine glatte Oberfläche bildet und die Erde in weiten Teilen von Wasser bedeckt ist, den überzeugte er mit zwei einfachen Beobachtungen: Erstens ist ein Tropfen rund; also kann auch Wasser eine Kugel formen. Befestigt man, zweitens, einen glitzernden Gegenstand am Mast eines Schiffes und beobachtet es, bis es am Horizont verschwindet, wird man feststellen: Das Schiff versinkt gleichsam. Erst senkt sich der Rumpf, dann folgen die Masten, bis man nur noch den reflektierenden Gegenstand an der Mastspitze sieht. Was bedeutet, dass die Erdoberfläche gewölbt ist.

Er mochte keine Sekunde ungenutzt verstreichen lassen. Nie ging Plinius Gaius Plinius Secundus «der Ältere» ohne Stenographen aus. Selbst beim Essen oder im Bad lasen Sklaven ihm vor. Kein Wunder, dass der 24 oder 25 n. Chr. in Como geborene Plinius nicht nur eine Karriere als Anwalt, Offizier und Verwaltungsbeamter in Gallien, Nordafrika und Spanien machte. Er verfasste neben seiner *Historia Naturalis* auch Bücher über das Speerwerfen zu Pferde, die Kriege gegen die Germanen, eine lateinische Grammatik und ein Geschichtswerk. Außer der *Historia Naturalis* gingen alle verloren.

Wissenschaft in der Antike war Philosophie. Der Versuch, sich die Welt mit Hilfe schieren Nachdenkens, einer Theorie, zu erklären. Wie auch anders: Die «Alten» verfügten nicht über all die technischen Apparaturen, die der Forschung später zur Verfügung standen: Fernrohre, Mikroskope oder gar Raumfähren. Der griechische Mathematiker Euklid hatte, basierend auf den Erkenntnissen babylonischer und ägyptischer Sterndeuter, fast korrekt die Umlaufbahn der Planeten Saturn, Jupiter und Mars errechnet. Was Plinius den Älteren zu einer höchst rationalen Betrachtung hinriss: «Die Gestirne sind nicht, wie der gemeine Haufe glaubt, einem einzelnen Menschen zugeteilt. Sie leuchten nicht nach dem Schicksal eines jeden; denn sie entstehen und vergehen nicht mit den Menschen, noch bedeutet ihr Fall, dass jemand sterbe.» Nur in einem irrte Plinius genau wie seine Vorbilder: Er glaubte, die Sonne drehe sich um die Erde, denn schließlich hielt er sie für den Mittelpunkt der Welt.

Vierzehn Jahrhunderte später erfuhren die Theorien der Antike eine Wiedergeburt. Die Genies der Renaissance entdeckten die alten Schriften von neuem und versuchten nun, Theorie und Praxis, Beobachtungen und Berechnungen, Verstand und Erfahrung in Einklang zu bringen. So bewiesen Johannes Kepler, Nikolaus Kopernikus und Galileo Galilei, was dem gebildeten Römer Plinius eine Selbstverständlichkeit war: dass die Erde keine Scheibe ist (Galilei), sich die Gestirne umeinander drehen (Kopernikus), allerdings die Sonne der Mittelpunkt unseres Universums ist. Und das System der Schwerkraft (Kepler).

Einige Theorien der Antike waren erstaunlich präzise. Aber gerade weil sich viele Philosophen oft nicht von ihren Beobachtungen leiten ließen, sondern ausschließlich von ihren Ideen oder gar Gehörtem, glaubten sie auch hanebüchenen Unfug. Plinius, so kann man einigen Andeutungen in seiner «Naturgeschichte» entnehmen, bereiste einen großen Teil der damals bekannten Welt: Europa, Nordafrika und Kleinasien. Nirgends traf er Menschen, die sich äußerlich durch etwas anderes unterschieden als die Haar-, Augen-, oder Hautfarbe. Trotzdem notiert er auch Erkenntnisse, die eher Seemannsgarn von Matrosen und Händlern gewesen sein müssen. In Indien, schreibt er allen Ernstes, «einem Land voll von wunderbaren Begebenheiten», lebe der Menschenschlag der «Monocoler», die nur ein Bein haben, sich springend vorwärts bewegen und sich bei großer Hitze rücklings auf den Boden legen, um sich mit dem Fuß vor der Sonne zu schützen. An den Quellen des Ganges hausten angeblich die «Astomer», welche «keinen Mund haben, am ganzen Körper rau sind, sich in Seide kleiden und nur vom Atmen und dem Dufte leben, welchen sie mit der Nase einziehen. Ein starker Geruch soll sie aber leicht töten». Und auf «vielen Bergen Indiens soll ein Stamm von Menschen wohnen, welche Hundsköpfe haben, sich in Felle wilder Tiere hüllen und von der Jagd und dem Vogelfang leben». Jenseits der Welt römischer Zivilisation hielt Plinius eben alles für möglich. Er gab sich nicht die Mühe, auch die unbekannten Gebiete zu bereisen, obwohl er den Mangel an Forschergeist bei seinen Römern harsch kritisierte: «Die Menschen sind kümmerlich geworden», schrieb er. «Wir wollen so gar nichts Neues hinzulernen, ja nicht einmal das von den Alten Gefundene gründlich studieren. Eine ungeheure Menge von Menschen betreibt heute Seefahrt. Doch des Gewinnes, nicht der Forschung wegen.»

Die Römer waren keine Erfinder wie die Griechen. Sie waren Wissensverwalter. Zahlreiche Lehrbücher wurden geschrieben über technische Errungenschaften wie eine Bergbahn, die Steinquader aus Brüchen transportieren sollte, Erntemaschinen in der Landwirtschaft oder sogar Automaten wie selbst tönende Trompeten oder automatische Türöffner, die mit Dampfdruck betrieben wurden. Mit Hilfe griechischer Einwanderer katalogisierten die Römer das Wissen der Antike und erhielten es so. Aber sie entwickelten vieles nicht weiter. Sklaven erledigten ja die meisten Arbeiten, wozu also Maschinen einsetzen? Wissbegierde und hemmungslose Fortschrittsgläubigkeit galten ihnen eher als Laster. Als Tugend, sich an das zu halten, was schon «die Alten» wussten und taten.

Für alle Fälle: Kohl

1984 sollte die größte Geburtsklinik Roms, das Krankenhaus der «Barmherzigen Brüder» auf der Tiberinsel, um zwei Operationssäle vergrößert werden. Da man wegen der Insellage nur in die Tiefe erweitern konnte, grub man – und entdeckte die Reste des ersten Krankenhauses im antiken Rom. Eines Lazaretts, in das kranke Sklaven abgeschoben wurden. Der Ort ist, wie so oft, mit einer Legende verknüpft: Wegen einer Seuche soll der griechische Gott Asklepeios in Form einer Schlange übers Mittelmeer nach Italien und den Tiber hinauf bis nach Rom geschwommen sein. Auf der Tiberinsel ging er an Land, weshalb man ihm dort im 2. Jahrhundert vor Christus einen Tempel und später das Krankenhaus baute. Die Legende lebt bis heute weiter im Symbol der Ärzte, der Äskulap-Natter, die sich um einen Stab windet.

Ganz und gar keine Legende ist, dass die Griechen die Medizin nach Rom brachten. Sehr zum Verdruss einiger der auf die alten Werte pochenden Römer wie Cato des Älteren, der die Ankunft griechischer Ärzte im 2. Jahrhundert vor Christus böse kommentierte: «Sie haben sich verschworen, uns durch Arzneien umzubringen, und lassen sich für solche Dienste obendrein noch bezahlen.» Er behandelte seinen Sohn, wie viele Familienväter, selbst. Vor allem mit Kohl in jeder Lebenslage. Gekocht oder gegart helfe er gegen Kopfweh oder «Blinzeln in den Augen», als Sud sei er den «Nerven und Gelenken zuträglich», Kohlumschläge wiederum heilten angeblich neue und alte Wunden, selbst «Krebsschäden». Catos Kohltherapie fiel, wie so einiges an medizinischer Praxis vor der Ankunft griechischer Ärzte, eher in den Bereich Aberglauben und Magie. Aber Zauberformeln mit gegartem Kohl garniert genügten

Ich war krank, und du, Symmachus, bist von hundert Schülern begleitet sofort zu mir geeilt. Hundert Hände haben, vom Nordwind ganz kalt, meinen Körper betastet. Ich hatte kein Fieber, doch jetzt, Symmachus, habe ich's ganz bestimmt. (Martial über die Kunst der Ärzte)

nicht mehr. Rom war zu einer überbevölkerten, schmutzigen Stadt herangewachsen. Seuchen breiteten sich schnell aus. Und es war eine Kriegernation. Beständig wurden Schlachten gefochten, in denen die Legionäre oft schwere Verletzungen davontrugen. Griechische Ärzte eroberten Rom im Sturm. Caesar garantierte ihnen das römische Bürgerrecht, viele Kaiser hielten sich griechische Leibärzte. Oft, weil sie Angst hatten, vergiftet zu werden und einen Kenner sämtlicher Gegengifte in ihrer Umgebung wissen wollten. Einige Leibärzte, wie der berühmte Galen, schufen mit dem Schutz und der finanziellen Förderung des Kaisers ganze Lehrgebäude, die bis in die Neuzeit Gültigkeit besaßen. Sie beriefen sich auf den Griechen Hippokrates, der im 5. Jahrhundert vor Christus begonnen hatte, alle bekannten Krankheiten, deren typische Anzeichen und Verlauf genau aufzuzeichnen. Andere waren geldgierige Quacksalber, die zuweilen nicht einmal lesen, dafür aber ein paar Salben zusammenmischen konnten. Manch einer dieser *medici* brachte vermutlich mehr Menschen um, als er heilte, wie Martial schrieb: «Jetzt bist du ein *oplomachus* (schwer bewaffneter Gladiator), früher warst du *ophthalmicus* (Augenarzt). Was du als Arzt getrieben hast, tust du jetzt auch als Gladiator.»

Ärzte galten als Handwerker. Sie schlossen sich in *collegia* zusammen, wie Schuster, Weber oder Bäcker. Die medizinische Versorgung war dort am besten, wo sie am offensichtlichsten benötigt wurde: in den Gladiatorenschulen, um die teuer eingekauften Kämpfer nach den Spielen wieder zusammenflicken zu lassen. Und in der Armee. Kein Wunder, dass die Ärzte der römischen Antike bald ein erstaunliches Wissen in der Chirurgie aufzuweisen hatten. Ein kaiserlicher Erlass erlaubte ihnen, Leichen zu sezieren, um sich grundlegende Kenntnisse über die Anatomie des Menschen anzueignen.

Manche Operationen wurden im alten Rom nicht anders durchgeführt als heute: Bei Kopfverletzungen öffneten die Ärzte den Schädel, stachen den Star mit einem winzigen, für die Augen geeigneten Messerchen, oder banden Schlagadern ab, um starke Blutungen zu stillen. Sie führten bei schweren Geburten Kaiserschnitte durch. Ein gewisser Heliodoros wurde im ganzen Römischen Reich berühmt, weil er Rippen entfernen konnte, ohne den Patienten bei der Operation umzubringen. Bei Ausgrabungen förderten Archäologen Skalpelle, Hohlnadeln und Pinzetten zutage, die von den Instrumenten heutiger Ärzte kaum zu unterscheiden sind. Man verwendete damals sogar Narkosemittel wie Opiumsaft oder eine Pflanze namens Mandragora. Plinius der Ältere berichtet von einem Edelstein, der «zerrieben und mit Essig vermischt auf die Stellen aufgelegt wird, die gebrannt oder geschnitten werden sollen. Der Körper wird auf diese Weise betäubt und fühlt keinen Schmerz».

Das war handwerkliches Können. Aber wie funktionierte der Mensch, was hielt ihn am Leben? Die großen Ärzte waren nicht von ungefähr in erster Linie Philosophen. Dass das Herz Sitz des Lebens sei und folglich nicht krank werden könne, «ohne dass der Mensch sofort stirbt» (Plinius), blieb jahrtausendelang Allgemeinwissen. Da es Herzkrankheiten demzufolge nicht geben konnte, unterließen es die Mediziner auch so lange, sie zu erforschen. Die Schule eines gewissen Herophilus hing der Theorie an, der Pulsschlag des Menschen sei «je nach Alter auf musikalische Takte zurückzuführen». Ein Kranker wäre somit «aus dem Takt geraten». Asklepiades, der erste griechische Arzt in Rom, war der Überzeugung, Körper und Seele des Menschen seien aus vielen, verschieden großen Urkörperchen, den Atomen, zusammengesetzt, die ein dichtes Netz von Röhren bildeten. In diesem Netz bewegten sich andere Urkörperchen, aus denen die «Körpersäfte und das Lebenselixier des Menschen, das Pneuma» bestünden. Solange sich die Atome bewegten, sei der Mensch gesund. Gerieten sie «aufgrund einer Knickung der Röhren» ins Stocken, erkrankte er. Wurden die Atome gleichsam schlecht, musste der Arzt sie aus dem Körper entfernen. Asklepiades' Theorie hielt sich weit über tausend Jahre. Ebenso wie die Therapie, die aufgrund «schlechter Körpersäfte» verordnet wurde. Man ließ, noch weit bis ins 18. Jahrhundert hinein, die Kranken zur Ader, indem man eine Vene anschnitt und den armen geschwächten Patienten obendrein einen beträchtlichen Blutverlust zufügte.

All diese gelehrten Betrachtungen konnten nicht über eine Tatsache hinweghelfen: Der Mensch blieb ein schwaches Geschöpf. Um seinetwillen, schrieb Plinius, hatte die Natur alles andere geschaffen. «Doch sie setzt für ihre großen Gaben einen so strengen Preis, dass man nicht weiß, ob sie eine gute Mutter oder eine böse Stiefmutter ist.» Der Mensch mochte über Denkvermögen verfügen und sich den Kopf über die Größe des Universums zerbrechen. Doch war dies kein Schutz vor geheimnisvollen Krankheiten. Selbst «heutigentags», in einem, wie Plinius glaubte, ganz und gar rationalen Zeitalter, «befragt man von vielen Seiten her weniger die Ärzte als die Orakel und Weissager in medizinischen Angelegenheiten». Denn was der antike Mensch nicht verstehen konnte, musste in der Hand der Götter liegen.

Vom Willen der Götter und der Menschen

Früher, in den Anfängen der römischen Geschichte, war alles viel einfacher und die Welt klar gegliedert. Auf der untersten Stufe der Schöpfung standen die Tiere, die weder reden noch denken konnten, darüber der vernunftbegabte, aber sterbliche Mensch. Und über den Menschen thronten die unsterblichen Götter. An der Spitze Jupiter, Herr des Himmels, manchmal zorniger Schleuderer von Blitz und Donner; seine Frau Juno, Schützerin von Ehe und Geburt, und Minerva, die Weise, Göttin der Künste und des Handwerks. Die Römer verehrten den Kriegsgott Mars, die Liebesgöttin Venus und Neptun, den Herrn der Meere. Und viele andere kleine und große Götter, die wie eine Art Abteilungsleiter im großen Betrieb des Alltags für bestimmte Bereiche zuständig waren: für die Jagd und Wälder, Viehherden und Blumen oder die Unterwelt, in der sich die Toten aufhalten sollten.

Auch Fluchtafeln gehörten zum Glauben:
«Ich beschwöre dich, Dämon (...) und verlange von dir, dass du (...) die Pferde der Grünen und Weißen quälst und tötest und die Wagenlenker Clarus, Felix, Primulus und Romanus tödlich verunglücken lässt.» Auszug aus einer in Hadrumetum (Tunesien) gefundenen Fluchtafel

Sie waren eine launische Familie, diese Götter, stritten, betrogen einander und vertrugen sich wieder. Sie hielten das Schicksal der Menschen in Händen, aber ihre Launen konnten besänftigt werden, denn mit diesen Göttern ließen sich Geschäfte machen: *do ut des* – ich gebe dir, damit du mir zurückgibst. Man ehrte die Götter oder auch nur einen bestimmten Lieblingsgott. Dafür hatten diese für Gesundheit, eine gute Ernte oder erfolgreiche Jagd zu sorgen. Man musste ihnen eben opfern, Tempel bauen, Statuen errichten. Ihnen den Respekt erweisen, der Vorgesetzten gebührt, die mächtiger sind als man selbst. Sie waren ja nicht abstrakt und entrückt. Sie hatten, wie der ewig untreue Jupiter, sogar Affären mit Sterblichen. Und man konnte ihre Pläne ausspähen. Eine vom Senat ernannte Priesterschaft, die Auguren, «las» den Willen der Götter aus Orakelsprüchen, die in der Sammlung der «sybillinischen Bücher» verzeichnet waren, oder aus dem Flug der Vögel. Die Haruspices interpretierten die Eingeweide der geschlachteten Opfertiere. Meist boten die

Empfehlungen dieser Sprachrohre der Götter keine großen Überraschungen. Die Menschen sollten eben noch mehr opfern, noch mehr Tempel errichten. Im Zweifelsfall einen neuen, für einen speziellen Bereich zuständigen Gott verehren.

So schufen sich die Römer Götter nach ihrem eigenen Vorbild: Bei persönlichen Wünschen ihrer Gläubigen erwiesen sie sich zwar als etwas unzuverlässig. Dafür waren sie tüchtige Verwalter. Hatten sie nicht Rom zur Weltmacht auserkoren? Legten sie ihre Hand nicht schützend über das römische Imperium, oder warum sonst wuchs es so erfolgreich und besiegte alle anderen Völker und deren Götter? Und räumten die Götter den Menschen nicht sogar Aufstiegsmöglichkeiten ein? Gut, sie waren die Mächtigsten. Doch ein Mensch, ein Herrscher über viele Völker und Religionen, der mit einer dem normal Sterblichen kaum verständlichen Machtfülle ausgestattet war, konnte ebenfalls zum Gott «befördert» werden.

Gaius Julius Caesar, der mit dem Gedanken spielte, die römische Republik in eine Monarchie umzuwandeln und sich selbst zum Kaiser zu krönen, überbrückte zuerst die Kluft zwischen Himmel und Erde. Im griechisch beeinflussten Orient verehrte man die Mächtigen schon lange wie Götter. Selbst römischen Statthaltern und Feldherren erwies man solche Ehren. Und die Römer hatten sich angewöhnt, abstrakte Begriffe wie Tugend, Weisheit oder Frieden zu personifizieren und in den Götterrang zu erheben. Caesar fand sich außerordentlich gut zum Gott geeignet. Er war mächtig. Er führte seine Herkunft als Abkömmling der uralten Familie der Julier direkt auf Julus, den Sohn des Aeneas und damit Enkel der Liebesgöttin Venus, zurück. Und er verfügte über einige gute Eigenschaften. *Clementia Caesaris*, die Milde und Güte Caesars, erhielt 44 vor Christus einen Tempel. Im gleichen Jahr beschloss der Senat sogar, Caesar einen eigenen Tempel zu bauen, in dem er eine Statue als «Jupiter Julius» errichtet bekäme. Kurz darauf wurde Caesar ermordet. Die Machtgelüste des Diktators gingen einigen Vertretern des römischen Adels dann doch zu weit.

Caesars Nachfolger Augustus, der sich auf Lebenszeit zum *princeps,* dem «Ersten unter gleichen» römischen Bürgern, ernennen ließ und damit tatsächlich die Monarchie eingeführt hat, verhielt sich geschickter. Er stellte sich nicht als Alleinherrscher über das Römische Reich dar, sondern als dessen treuester Diener. Pflichtbewusst, unermüdlich, gläubig den alten Göttern ergeben. Gnädig erlaubte er den Völkern des Orients, ihn als Gott zu verehren. Von den Römern ließ er sich – natürlich nachdem er seine «Beförderung» vorher selbst in die Wege geleitet hatte – erst nach seinem Tod zum *divus,* zum «göttlichen» Augustus erhöhen. Nicht, weil es ihm per Geburt zustand, sondern weil er es sich gleichsam verdient hatte. Er verknüpfte Religion und Politik. Mit dem Glauben an die alten Götter versicherte man gleichzeitig Rom, dem Staat und dessen Vertretern Loyalität.

Zum Beweis, dass ihm (Augustus) mehr am Wohl des Volkes als an dessen Gunst gelegen war, kann die strenge Abfertigung dienen, die er dem Volk gab, als es sich über den Mangel und die erhöhten Preise für Wein beschwerte: «Mein Schwiegersohn Agrippa hat durch den Bau mehrerer Wasserleitungen dafür gesorgt, dass niemand Durst zu leiden braucht.» Vor Gewittern hatte er übertriebene Angst, seit bei einer nächtlichen Reise einmal der Blitz dicht neben ihm einschlug. Deshalb verbarg er sich beim kleinsten Anzeichen eines nahenden Gewitters sofort in einem tiefen, fest gemauerten Keller. (Sueton)

So wurden die Götter zu Funktionären. Aber Funktionären offenbart man keine Seelennöte. Sie lindern nicht die Furcht der Sterblichen angesichts einer rätselhaften Welt und einer willkürlichen Natur. Und sie geben zu undeutliche Hinweise, was gut und was böse sein soll. Die Römer hielten die Rituale ein, feierten die Feste ihrer Götter, opferten, genossen die Ruhe in den heiligen Hainen. Aber sie glaubten nicht mehr. Man sah ja, was mit einigen dieser so genannten Götter geschah. Manche Kaiser, wie Caligula, Nero oder Domitian, hatten sich noch zu Lebzeiten zum *dominus et divus,* Herr und Gott, erhoben – und waren von aufrührerischen Soldaten der Palastwache umgebracht worden.

Die alten Götter hatten offensichtlich ausgedient. «Dass es ein unterweltliches Königreich geben, (...) dass eine einzige Barke ausreichen soll, so viele Tausende Tote über den Unterweltfluss Styx hinüberzusetzen, das glauben selbst Kinder nicht mehr», schrieb Juvenal. Das Rom der Kaiserzeit war reif für neue Götter.

Neue Götter braucht das Land

Sklaven, Händler und Soldaten verbreiteten neue Religionen im römischen Vielvölker-Imperium. Den größten Zulauf fand der ursprünglich aus dem Iran stammende Mithraskult. Der Überlieferung nach war Mithras aus einem Felsen geboren und hatte auf Befehl des Sonnengottes Sol das Böse in Form eines Stieres getötet. In vielen Garnisonsstädten des Römischen Reiches, auch in der Nähe Heidelbergs und Frankfurts, fanden sich Reliefs des jungen Gottes, die dessen Heldentat darstellen, denn Soldaten fanden diesen Kult offensichtlich besonders anziehend. Sie trafen sich in unterirdischen Grotten, denn auch die Tötung des Stiers fand in einer Grotte statt. Sie mussten sich schwierigen Prüfungen unterziehen, bis sie stufenweise in den Kult dieses Gottes eingeweiht wurden. Wie ihr Gott, der den Stier erlegt hatte, empfanden sie sich ebenfalls zum Kampf gegen das Böse aufgerufen. Der Mithraskult war eine Männergesellschaft. Frauen war die Aufnahme verboten – was wesentlich dazu beitrug, dass der populäre Mithraskult sich nie als alleinige Religion durchsetzen konnte.

Frauen verehrten dafür die ursprünglich aus Anatolien stammende Göttermutter Kybele. Oder Isis, die den Ägyptern als Göttermutter galt, als Schöpferin aller Kultur, Weltherrin und große Zauberin, deren Sprüche gegen Krankheit schützten. Ihre Anhängerinnen stellten sie als sitzende Frau dar, die ein Kind auf dem Schoß hielt – was zum Vorbild der christlichen Madonnen wurde. Gebildete Römer machten sich gerne lustig über den ägyptischen «Aberglauben», in dem manche Götter mit Tierköpfen ausgestattet waren.

Sie spotteten über die seltsamen Riten der Gottesdienste, die kahl geschorenen Priester und den inbrünstigen Glauben ihrer Anhängerinnen. «Im Winter bricht sie das Eis und steigt in den Fluss; des Morgens taucht sie dreimal in den Tiber, ja wäscht trotz aller Angst ihr Haupt im Wirbelstrom. (...) Befiehlt es Isis, so wird sie bis ans Ende Ägyptens pilgern und sich im heißen Meroe Nilwasser geben lassen, um es im Isistempel zu versprengen», heißt es in einer der Satiren Juvenals.

Gebildete Römer versuchten, sich in eigener Anstrengung von der Furcht vor den Göttern, der Unberechenbarkeit der Natur und dem Tod zu befreien. «Das Leben ist kurz, ziehe dich von unerfreulichen Geschäften wie der Politik zurück, von allem, was mehr Kummer als Freude verursacht, und versuche die Welt mittels deiner Vernunft, nicht mittels eines Aberglaubens an den Willen der Götter zu begreifen», könnte man die unter Römern sehr verbreitete Lehre des griechischen Philosophen Epikur umschreiben. Die Stoiker hingegen versuchten, sich durch nichts mehr aus der Gemütsruhe bringen zu lassen. Nicht durch die Furcht vor dem Tod und schon gar nicht durch Vergängliches wie Reichtum, Macht und Ehre. Die Welt, glaubten die Stoiker, werde von einem vernünftigen Weltgesetz beherrscht und jede Einzelheit dadurch geregelt. Wer begriffen hat, dass es nutzlos ist, sich gegen diese Vorsehung zu erwehren, wer in eigener Kraft, ohne Anleitung der Götter, versucht, zwischen Gut und Böse zu urteilen, der erlangt wahre Freiheit. Der Stoizismus wurde geradezu eine Modephilosophie im Rom der Kaiserzeit.

Gleich, ob man sich den Stoikern oder Epikureern, dem Kult des Mithras oder der Isis anschloss: Im 1. Jahrhundert unserer Zeitrechnung begannen die Menschen, ihre Beziehung zu den Göttern zu ändern. Die Religion der alten Götter war gut für den Staat, für das Heil des gesamten Römischen Reiches. So schnell verriet man Jupiter und die Seinen nicht, da er doch die Römer zu den Herrschern der Welt gemacht hatte. Doch für sich selbst, das eigene Seelenheil, suchte man neue Wege. Eine Verabschiedung aus der Abhängigkeit von den Göttern. Oder einen neuen Gott, mit dem sich eine persönliche Beziehung herstellen ließ. Der für Erhabeneres stand, als nur für den Schutz über Wald und Jagd, die Macht über Blitz und Donner. Und der dem Menschen die Möglichkeit gab, sich Seelenheil zu erringen, indem er die moralischen Grundregeln der Religion befolgte und sich intensiv mit der Lehre des jeweiligen Kultes beschäftigte. Manche dieser Kulte mochten anfänglich von der Staatsgewalt wegen ihrer geheimen Treffen misstrauisch beobachtet oder wegen ihrer exotischen Riten belächelt worden sein. Doch im Römischen Reich war Platz für viele Götter, solange ihre Anhänger keinen Anspruch auf die allein selig machende Wahrheit erhoben. Und solange sie den Vertretern der irdischen Macht nicht den notwendigen Respekt versagten.

Ein Prediger namens Paulus

Es fiel in diesem bunt gescheckten Imperium mit seinen so vielen verschiedenen Völkern, Traditionen und Religionen nicht auf, dass ein gewisser Jesus durch die Provinz Judäa zog und den Menschen eine neue Lehre predigte. Judäa war ohnehin ein Unruheherd. Alle besiegten Völker hatten sich irgendwann der Übermacht der Römer ergeben. Nur diese Judäer mochten sich nicht beugen. Bestanden darauf, ihren unsichtbaren Gott im Tempel von Jerusalem zu verehren und verweigerten den Römern, dort ihre eigenen Götter- oder Herrscherstatuen aufzustellen. Die Oberschicht Judäas arrangierte sich wohl mit den neuen Herrschern und ihrer Kultur. Aber im Volk und in der Priesterschaft gab es so viele unterschiedliche Gruppierungen. Einige predigten Widerstand gegen die Besatzer, andere zogen sich zu einem stillen Leben in der Wüste zurück, die Nächsten versuchten, die Römer schlicht zu ignorieren. Nie wussten Roms Statthalter, wer über wirkliche Macht in diesem Volk der Judäer verfügte. Dabei zeigte sich Rom großzügig; man wollte ja nicht unnötig Aufstände provozieren. So erkannte es die jüdischen Gemeinden im ganzen Reich und der Hauptstadt als erlaubte Religion an und ließ sie gewähren. Dass in den Gemeinden, selbst in der Hauptstadt, eine neue Sekte tätig wurde, die sich Christen nannte, wurde nur als innerjüdische Angelegenheit registriert. Man mischte sich nicht in interne religiöse Auseinandersetzungen ein. Sollten diese Juden untereinander ausmachen, ob ihre Religion darin bestand, den einzigen Gott zu verehren, die strengen jüdischen Gesetze zu befolgen und die Männer beschneiden zu lassen. Oder ob, wie die *christiani* zum großen Ärger der jüdischen Priesterschaft predigten, die Liebe zu Gott und dessen Sohn Jesus ausschlaggebend sei, der Glaube an die Auferstehung von den Toten und deren Weiterleben im Himmelreich.

Das änderte sich erst, als ein gewisser Paulus aus der kleinasiatischen Stadt Tarsus zur Sekte der Christen konvertierte. Er hatte von diesem Wanderprediger aus Galiläa, der von den Römern gekreuzigt worden war, nur gehört. Aber er war überzeugt: Das musste der von den Juden lang erwartete Messias sein. Und diesen Erlöser dürfe man nicht den Juden allein vorbehalten, sondern müsste die ganze Welt an ihm teilhaben lassen. Paulus legte den Grundstein für eine neue Religion. Er begann, Heiden für die neue Lehre zu missionieren – ein Unding für Juden. Er erließ den neu gewonnenen Anhängern die Einhaltung der strengen jüdischen Gesetze. An diesen Jesus als Messias zu glauben und ein rechtschaffenes Leben zu führen genügte. Mit Paulus trennten sich Judentum und Christentum.

Paulus fand gut vorbereiteten Boden. Seit geraumer Zeit suchten die Menschen im Römischen Reich nach Erfüllung in neuen Kulten und Religionen. Sie hatten schon begonnen, Abschied von einer vielfältigen Götterwelt zu nehmen, und sich der Anbetung eines einzigen Gottes zuzuwenden. Paulus' neue Anhänger kamen zunächst aus den unterprivilegierten Schichten des Imperiums. Sie waren Sklaven, Freigelassene, Untertanen der Römer in den eroberten

Provinzen. Es gefiel ihnen, dass in dieser neuen Religion die strikten Klassenschranken gleichsam aufgehoben wurden, dass jeder Christ werden konnte und man sich in den Gemeinden als «Brüder und Schwestern» anredete. Paulus gab zwar sorgfältig darauf Acht, nicht etwas Revolutionäres wie die Befreiung der Sklaven zu predigen. Aber man behandelte sich in den Gemeinden zuvorkommend und versuchte einander ungeachtet des gesellschaftlichen Standes zu helfen.

In das Bewusstsein der damaligen Weltöffentlichkeit trat das Christentum allerdings nicht mit seiner neuen Lehre, sondern mit der ersten Strafaktion gegen die Christen. Kaiser Nero, der exzentrische, willkürliche Herrscher, der auch seine Ehefrau und seine Mutter umbringen ließ, brauchte nach dem Brand Roms 64 nach Christus einen Sündenbock. Gerüchte liefen um, dass der Kaiser selbst das Feuer gelegt hatte, um Platz zu schaffen für seinen größenwahnsinnigen Plan eines Neuaufbaus der Hauptstadt. Nero machte die Christen als Brandstifter verantwortlich. Hunderte wurden gekreuzigt oder bei lebendigem Leib verbrannt. Darunter vermutlich auch Paulus.

Die Drohungen seiner Mutter Agrippina und ihr heftiges Temperament erschreckten Nero dermaßen, dass er sie zu verderben beschloss. Nachdem er es dreimal mit Gift versucht, aber bemerkt hatte, dass sie sich durch Gegengifte zu schützen wusste, ließ er die Decke ihres Schlafzimmers so einrichten, dass sie bei Nacht mittels einer Maschinerie auf die Schlafende stürzen musste. (Sueton)

Immer wieder waren Christen zwar Verfolgungen ausgesetzt. Aber nicht, weil sie einen neuen Gott anbeteten und eine neue Religion geschaffen hatten. Sondern weil sie ihre Loyalitäten anders setzten. Alle anderen Anhänger eines Geheimkultes, die sich genau wie die Christen zunächst heimlich oder in Katakomben trafen, verweigerten den alten römischen Göttern nicht die Anerkennung, wenn sie denn gefordert wurde. Waren sie gezwungen, dem Staat die Treue zu beweisen, indem sie den alten Göttern opferten, so fügten sie sich. Die Christen aber verweigerten den Treuebeweis. «Ich weiß nicht Bescheid über Art und Ausmaß der üblichen Bestrafung, wie auch Untersuchung bei Prozessen gegen Christen», wandte sich Plinius der Jüngere, Statthalter der kleinasiatischen Provinz Bithynien, im Jahr 111 nach Christus an Kaiser Trajan. Der gab ihm eine klare Richtlinie: Man solle sie nicht aufspüren, man solle nicht aufgrund anonymer Denunziation handeln, und «es gilt Folgendes: Wer leugnet, Christ zu sein und dies durch die Tat beweist, also durch ein Opfer vor unseren Göttern, der soll aufgrund seiner Reue Verzeihung erhalten, mag sein Vorleben auch noch so verdächtig sein». Wer nicht opferte, wurde als Staatsfeind zum Tod verurteilt. Die ersten Legenden von Märtyrern verbreiteten sich – was das Christentum nur stärkte. Unter den Heiden wuchs der Respekt vor den Mitgliedern dieser Sekte, die so gelassen in den Tod gingen. Es musste doch etwas Faszinierendes, Stärkendes in dieser Religion liegen, wenn deren Anhänger sich selbst durch die Todesstrafe nicht erschrecken ließen. Für die Urchristen war das Jenseits ohnehin wichtiger als das Diesseits. Erst dort begann das wahre glückliche Leben.

Gaius Plinius Caecilius Secundus, der «jüngere Plinius», wurde 61 oder 62 n. Chr. in Como geboren, verlor seine Eltern früh und wurde von seinem Onkel Plinius dem Älteren adoptiert. Er war vermögend, galt als freigebig und unermüdlicher Netzwerker. Mit Tacitus war Plinius der Jüngere eng befreundet, den Neulingen aus der Provinz, Martial und Sueton, griff er finanziell unter die Arme. Er absolvierte die klassische römische Karriere vom Anwalt über sämtliche Verwaltungsposten bis zum Konsul. Plinius der Jüngere starb während seines Amtsjahres als Statthalter von Bithynien in Kleinasien.

Es sollten etwa 300 Jahre vergehen von der Kreuzigung eines gewissen Jesus in Jerusalem, bis Konstantin als erster römische Kaiser das Christentum annahm und damit zur neuen Staatsreligion machte. Ohne den Heidenmissionar Paulus wäre es vielleicht eine von vielen reformerischen Strömungen innerhalb des Judentums geblieben. Ohne die Existenz eines Römischen Reiches aber, das fast die gesamte, damals bekannte Welt umfasste, dessen straffe Verwaltungsstrukturen sich die Christen für die Organisation ihrer Kirchengemeinden zum Vorbild nahmen und dessen Bewohner sich nach neuen Göttern sehnten, hätte es sich vermutlich nie so nachdrücklich ausbreiten können.

Warum die Stoa zur Modephilosophie avancierte

Zenon, geboren auf der Insel Zypern, war kein besonders ansprechender Mensch. Dürr, mit grünlicher Gesichtsfarbe und einem ausgeprägten Hang zu übler Laune. Vielleicht begründete er deshalb eine philosophische Schule, die zutiefst lustfeindlich und nur auf die Erfüllung von Pflichten angelegt war: die Stoa.

Für Zenons Zeitgenossen aus dem 4. Jahrhundert vor Christus waren die «Stoiker» zunächst nur eine Gruppe von Philosophen, die sich kein eigenes Schulgebäude leisten konnten. Deshalb wandelten sie diskutierend in einer offenen Säulenhalle – griechisch *stoa* – umher und hießen folglich fortan «die aus der Säulenhalle».

Um Zenons Philosophie kennen zu lernen, muss man auch seinen Konkurrenten vorstellen: Epikur. Beide gehen davon aus, dass die gesamte Welt, einschließlich Gottes und der Seele, aus Materie besteht. Ansonsten behaupten die beiden Schulen von allem das Gegenteil – weshalb sich deren Anhänger auch leidenschaftlich bekämpften. Die Epikureer glaubten, dass der pure Zufall die Welt regiert, aber dass es eine intelligente Natur gibt, die weiß, wohin sie will. Stoiker dagegen gingen von einem *logos* aus, einem der Welt innewohnenden, vernünftigen Gesetz oder auch vorbestimmten Schicksal, dem man sich am besten unterwirft. Nicht, indem man zu Hause im Bett bleibt und wartet, wie das Schicksal waltet, sondern indem man tugendhaft lebt. Tugendhaft leben hieß vor allem, den Gleichmut zu bewahren und sich nicht von Leidenschaften mitreißen zu lassen. Von denen die schlimmsten sind: Lust, Schmerz, Begierde und Furcht. Des Stoikers Leitsatz ist also: «Pah, das macht mir doch nichts aus», gleich, ob man ihm eine wohltuende Rückenmassage verpasst oder den Backenzahn zieht. Man hält die Dinge eben stoisch aus.

Es ist nicht verwunderlich, dass sich im römischen Imperium die Lehre der Stoa geradezu als Modephilosophie etablierte. Waren die Römer doch in erster Linie Haudegen, die gerne zeigten, wie unempfindlich sie gegen Schmerz waren und wie pflichterfüllt und uneigennützig sie sich dem Staat zur Verfügung stellten. Die Epikureer hingegen waren als Lüstlinge verschrien. Außerdem mochte Epikur Politiker nicht leiden.

In der römischen Welt waren Seneca und im 2. Jahrhundert nach Christus der Kaiser Marc Aurel die prominentesten Vertreter der Stoa. Marc Aurel, der «Philosophenkaiser», hinterließ eine Schrift mit dem Titel *Selbstbetrachtungen*, die sich mehr durch pessimistische Erbaulichkeit als Tiefe auszeichnet. Darin sind Sätze zu finden wie: «Alles Begegnende begegnet zu Recht.» Oder: «Wie alles rasch verschwindet, in der Welt die Personen selbst, in der Ewigkeit die Erinnerung an sie.»

Seneca schaffte es eigentlich erst im Tod, wirklich stoisch zu sein. Von seinem ehemaligen Schüler, dem leicht wahnsinnigen Kaiser Nero, zum Selbstmord aufgefordert, schrieb er ohne zu zögern einen Abschiedsbrief an die Römer, umarmte seine Frau, trank ein Gift und starb. Da war er immerhin schon siebzig Jahre alt und fürchtete den Tod nicht mehr. Während seines Lebens vertrat er zwar die Philosophie, dass materielle Güter oder Ansehen in der Öffentlichkeit müßig und sinnlos wären. Doch der Historiker Tacitus berichtet, dass Geld den Philosophen sehr wohl interessierte. Er sei sogar einmal beschuldigt worden, die Sterbenden am Kaiserhof zu überreden, ihn in deren Testament zu bedenken.

Der italienische Philosoph Luciano de Crescenzo ist überzeugt, dass sich die Welt bis heute in Stoiker und Epikureer aufteilt: «Der Stoiker ist ein Mensch», sagt er, «der felsenfest an eine große Aufgabe glaubt. Er muss sie erfüllen. Stoiker sind jene, die an die einzige, ewige, unauslösbare, große Liebe glauben. Die finden sie natürlich nie, was sie nicht daran hindert, sie beharrlich, ohne jeden Kompromiss zu suchen. Stoiker sind auch die Marxisten. Sie wollen Gerechtigkeit für alle, ohne jede Ausnahme. Auf dem Weg dahin sind Revolutionen, Diktaturen des Proletariats und andere ebenso unangenehme Zwischenphasen vorgesehen.

Epikureer sind im Allgemeinen etwas gelassenere Menschen, die mit der Welt im Einklang sind. Ein Epikureer setzt sich im Bewusstsein der Vergänglichkeit des Lebens bescheidene Ziele. Er wählt Parteien, die ihm nicht Gerechtigkeit, Freiheit und Glück versprechen, sondern durch eine Politik der kleinen Schritte eine stufenweise Verbesserung des Lebens vorschlagen. Und er lebt mit jemandem zusammen, in den er vielleicht nicht mehr so verliebt ist, aber eine angenehme Art des Miteinander-Auskommens gefunden hat.»

«Legat Fabius sollte eine Legion ins Gebiet der Moriner führen.» CAESAR

MILITÄR, WELTREICH UND ERBE

Die römische Armee

Eigentlich hätte er sie hassen müssen. Die Römer hatten sein Land erobert. Auf dem Thron saß einer ihrer Günstlinge, der grausame König Herodes. Ständig kam es zu Reibereien zwischen Juden und Griechen, diesen Götzenanbetern, in den Küstenstädten wie Caesarea. Wohl wahr: Rom hatte seinen Verwaltern in der Provinz Judäa die Anweisung gegeben, sich aus religiösen Konflikten herauszuhalten. Aber die Ungeduld unter den jüdischen Bewohnern der Provinz wuchs. Man wollte es wagen. Man wollte die römischen Besatzer, Götzendiener wie die Griechen, endlich loswerden. Auch Josef ben Matthias, Sohn eines Priesters und selbst ein Religionsgelehrter, hatte sich dem bewaffneten Widerstand gegen die Fremdherrscher angeschlossen. Doch insgeheim bewunderte Josef die Römer. Sicher, die Judäer waren geradezu fanatisch entschlossen, sich wieder ihre Freiheit zu erkämpfen. Aber sie waren schlecht ausgerüstet, untereinander zerstritten und zahlenmäßig unterlegen. Sie hatten, das erkannte Josef, als er von seinem Versteck in den Bergen Galiläas den Anmarsch einer Legion beobachtete, keine Chance gegen die disziplinierte Übermacht des römischen Heeres.

Es muss für Josef ben Matthias ein schauerlicher und zugleich faszinierender Anblick gewesen sein. Wie eine riesige Schlange wand sich die Legion über die Hügel Galiläas. Reihe um Reihe marschierten Soldaten, deren eiserne Brustpanzer in der Sonne schimmerten. Jeder bepackt mit seiner Ausrüstung, die er an einer Stange über der Schulter trug: Schwert, Lanze und Schild, Decken und Kochgeschirr, Spaten oder Hacke zum Bau eines Lagers, dazu eine

Dreitageration an Getreide und Zwieback. Pioniere in der Vorhut ebneten den Weg für die nachfolgende Legion. Hinterdrein trabten Packtiere mit den zerlegten Belagerungsgeräten, Ochsenkarren mit Proviant, Handwerker, die bei Bedarf neue Uniformen nähen, Waffen schmieden oder durchgelaufene Soldatenstiefel flicken konnten. Als der Abend anbrach, lagerten sie nicht einfach, wo sie gerade stehen blieben. Die Pioniere maßen das Gelände aus, Bäume und Büsche wurden gerodet, ein riesiges Areal wurde eingeebnet. Auf ein Trompetensignal hin errichteten sie einen Schutzwall aus den gefällten Bäumen, hoben Gräben aus, legten Lagerstraßen an und stellten ihre Zelte in schnurgeraden Reihen auf. In kürzester Zeit entstand so eine mobile Stadt für fast 5000 Männer. «Nach genauem Plan werden sie dazu bestimmt, Holz herbeizutragen, für das Essen zu sorgen und Wasser zu holen», beobachtete der junge Widerstandskämpfer Josef. «Trompetenschall zeigt auch an, wann man das Lager wieder verlassen soll. Dann geht es hinaus, und ohne zu sprechen wird marschiert in aller Ordnung, keiner weicht von seinem Platz, gerade wie in der Schlacht selbst. Wo sie Fuß gefasst haben, da kann keine Macht von Angreifern, keine List, keine Geländeschwierigkeit sie zur Kapitulation bringen.»

Die Aufständischen in der Provinz Judäa wurden vernichtend geschlagen, Jerusalem und der jüdische Tempel nach wochenlanger Belagerung zerstört, Tausende von Einwohnern versklavt und zusammen mit den erbeuteten Schätzen im Triumphzug durch Rom geführt. Titus, der sich das Oberkommando im Jüdischen Krieg mit seinem Vater Vespasianus Flavius geteilt hatte, ließ das historische Ereignis in einen Triumphbogen auf dem Forum Romanum einmeißeln. Josef ben Matthias lief noch vor der Belagerung Jerusalems zu den Römern über. Vespasian nahm ihn als Sklaven gefangen.

Aus einer Laune heraus, schrieb Josef später, sagte er dem Kommandeur voraus, dass er eines Tages römischer Kaiser werden würde. Dabei gehörte Vespasian nicht einmal dem Adel, sondern nur der Ritterschaft an. Vespasian war amüsiert. Als aber Josefs Prophezeiung wahr wurde, ließ er seinen Sklaven frei.

Josef ben Matthias nahm den Familiennamen seines ehemaligen Besitzers an, nannte sich Josefus Flavius und verbrachte den Rest seines Lebens als Schriftsteller in Rom. Sein Buch *De Bello Judaico* über den «Jüdischen Krieg» wurde nicht nur ein Klassiker der Literatur, der bis heute gelesen und studiert wird; es war der einzige Augenzeugenbericht eines Krieges der römischen Weltmacht aus der Sicht der Verlierer, und es enthielt eine Warnung: «Muss man sich wundern, dass ein Volk bei so überlegener Kriegführung und mit einem Heer, das so einsatzbereit jegliche Planung in die Tat umsetzt, die Grenze seiner Macht im Osten bis zum Euphrat, im Westen bis zum Ozean, im Süden bis zu den ertragreichen Gefilden Libyens und im Norden bis zur Donau und zum Rhein ausdehnt? Es ist doch wohl zuzugestehen, dass ein solches Herrschaftsgebiet angesichts der Leistungen derer, die es erobert haben, noch zu gering ist. Das wollte ich nicht zur Verherrlichung der Römer berichten, sondern zum Trost für die Unterlegenen und zur Warnung für aufrührerische Elemente.»

Josefus Flavius blieb zeit seines Lebens ein Wanderer zwischen den Welten. Er wurde etwa 37 n. Chr. als Spross einer jüdischen Priesterfamilie in der Provinz Judäa geboren, erlebte die Zerstörung des jüdischen Tempels in Jerusalem, zog nach Rom und blieb ein ganzes Leben mit Titus befreundet, dem Kaiser und Feldherrn, der das wichtigste Heiligtum des Judentums hatte niederbrennen lassen. Neben seiner Beschreibung des Jüdischen Krieges veröffentlichte er auch eine Reihe von Schriften, mit denen Josefus der nichtjüdischen Umwelt das Wesen des Judentums nahe bringen wollte.

Als Josef dies im späten 1. Jahrhundert nach Christus schrieb, beherrschten die Römer das heutige Frankreich, Spanien und Portugal. Nordafrika, den Nahen Osten, die Türkei und Griechenland. Jugoslawien, die Schweiz, Österreich, die Beneluxländer, das Rheinland und Großbritannien. Gefräßig wie eine Raupe hatte Rom ein Gebiet nach dem anderen erobert und als Provinz seinem Imperium einverleibt.

Man kann nur schätzen, wie viele Menschen tatsächlich unter römischer Herrschaft lebten. Um sie zu unterwerfen genügte ein Berufsheer von etwa 350000 Mann. Roms Gegner waren oft genug untereinander zerstrittene Stammeshäuptlinge wie in Gallien, dem heutigen Frankreich. Nur selten konnten sie sich auf ein gemeinsames Vorgehen gegen den Eroberer einigen. Ihre Soldaten, im zivilen Leben meist Bauern, wurden nur im Kriegsfall zusammengetrommelt. Eine größere Truppe über längere Dauer zu versorgen gelang nur mit Hilfe einer ausgeklügelten Organisation. Die «Bauernsoldaten» waren nicht aufeinander eingespielt, als Bezahlung konnten sie höchstens auf Beute im Fall eines Sieges hoffen. Die Legionen Roms jedoch waren bestens ausgerüstet, ernährt und trainiert.

Anhand eines Grabsteins, der 1965 auf einem Feld im Norden Griechenlands gefunden wurde, hat der britische Archäologe Peter Connolly das Leben eines Soldaten rekonstruiert. «Ich bin Tiberius Claudius Maximus von der Zweiten Pannonischen Reiterabteilung. Ich nahm Decebalus gefangen», heißt es in der Inschrift. Maximus diente Ende des 1. Jahrhunderts in der Siebenten Legion, die an der Donau stationiert war. Geboren wurde er in Makedonien, aber da er in eine reguläre Legion aufgenommen wurde, muss er das römische Bürgerrecht besessen haben. Als Maximus sich im Rekrutierungsbüro vorstellte; als die Armeeärzte prüften, ob er mindestens 1,75 Meter groß und gesund war, gut hören und sehen, obendrein wenigstens ein bisschen lesen und schreiben konnte; als er schließlich angenommen wurde und den Eid schwor, den Offizieren zu gehorchen und niemals zu desertieren, da wusste Maximus: Die nächsten 25 Jahre würde er in der Armee verbringen.

Monatelang wurden er und die anderen neuen Rekruten in der Grundausbildung geschunden. Zuerst exerzierten sie im Gleichschritt, dann hatten sie Übungsmärsche zu absolvieren. Dreißig Kilometer pro Tag, mit der gesamten Ausrüstung, die mindestens dreißig Kilogramm wog. Sie lernten, mit ihren Waffen umzugehen, indem sie erst mit Stöcken und Holzschwertern fochten, oft unter den Schlägen des *centurio*, des Feldwebels.

Maximus machte langsam Karriere, er wurde zur Reiterei versetzt, die als Elite der Legion galt, und verdiente jetzt das Vielfache vom Sold eines einfachen Soldaten. Wieder hatte er hart zu trainieren, bis er es schaffte, in voller Rüstung auf ein im leichten Galopp laufendes Pferd aufzuspringen. Seine große Stunde kam im Krieg des Kaisers Trajan gegen den dakischen König Decebalus, Herrscher eines Gebietes, das im heutigen Rumänien liegt. Die Geschichte dieses Krieges ist in einem fortlaufenden Band von Bildern auf der Trajanssäule in Rom aufgezeichnet: Trajan schlug die Kämpfer des Königs, Decebalus flüchtete. Der Soldat Claudius Maximus spürte ihn in den Wäldern Rumäniens auf. Doch bevor er ihn gefangen nehmen konnte, beging Decebalus Selbstmord. Er schnitt sich mit seinem Dolch die Kehle durch.

Etwa dreißig Jahre blieb Maximus in der Armee, denn er diente noch fünf Jahre über die übliche Zeit hinaus als Veteran. Mit knapp fünfzig Jahren und nach damaligen Vorstellungen ein alter Mann, ließ er sich um 120 unserer Zeitrechnung in der Nähe von Philippi nieder, einer römischen Kolonie in Makedonien. Vielleicht hatte er, wie so viele Soldaten nach ihrer Dienstzeit, ein Stück Land vom Kaiser geschenkt bekommen. Wann genau er starb, geht aus dem Grabstein nicht hervor.

Warum ging ein junger Mann das Risiko ein, in einer Schlacht umzukommen oder an einer tödlichen Seuche wie der Pest zu sterben, mit der sich die Legionäre in abgelegenen Gebieten so oft ansteckten? Warum opferte ein Rekrut mindestens 25 Jahre, und damit fast sein ganzes Leben, für die Armee? Rom hatte keinen Mangel an Freiwilligen für seine Legionen, denn Rom belohnte die Dienste großzügig, die dem Imperium geleistet wurden. Wer kein römischer Bürger war, konnte sich zu den Hilfstruppen melden und bekam nach der Entlassung für sich, die Ehefrau und die Kinder das Bürgerrecht verliehen. Das befreite ihn von einigen Steuern und stellte ihn rechtlich mit den Römern gleich. Der Sold der Soldaten war gut, besser als das, was man als Handwerker oder Kleinbauer verdienen konnte. Die Armee bot Aufstiegschancen. Selbst Kaiser gingen aus ihr hervor.

Roms Soldaten verkörperten die Macht, und Roms Herrscher legten großen Wert darauf, die Soldaten nicht zu verärgern. Sie hatten aus den Bürgerkriegen der späten Republik gelernt, als vor allem Feldherren mit einer Masse von ihnen ergebenen Soldaten im Rücken in Rom Politik betrieben. Wohl galt in Rom ein Gesetz, das Feldherren verbot, ihre Soldaten in einen gewissen Umkreis der Stadt mitzubringen. Nur die Prätorianer, die Bodyguards der Kaiser, waren vor der Stadt stationiert. Aber aufpassen musste man trotzdem. Denn wer die Truppen und ihre Kommandeure, wer den Chef der Prätorianergarde nicht treu ergeben auf seiner Seite wusste, der konnte seine Tage als Kaiser zählen. Nero beging auf der Flucht Selbstmord, als er erfuhr, dass die Prätorianer von ihm abgefallen waren. Seine Nachfolger Galba, Otho, Vitellius und schließlich Vespasian wurden von den Legionen zum Kaiser ausgerufen. Deshalb versuchten Roms Herrscher, ihre Soldaten mit Geldgeschenken aus der eigenen Kasse oder mit lohnender Beute aus den Kriegen bei Laune zu halten. Doch Roms Armee eroberte nicht nur neue Provinzen oder krönte Herrscher nach eigenem Belieben. Sie schuf auch die notwendige Infrastruktur, um dieses riesige Imperium erhalten zu können.

In den Büchern der römischen Geschichtsschreiber heißt es oft: «Die Donau-Legion wurde in die Provinz Syrien geschickt.» Caesar, der Diktator und Feldherr, schrieb in seinem Erlebnisbericht *De Bello Gallico* über seinen Krieg in Gallien: «Legat Fabius sollte eine Legion ins Gebiet der Moriner führen.» Heute, in einem Zeitalter, in dem man sich mit Flugzeug, Bahn oder Auto schnell von einem

Ort zum anderen bewegen kann, klingt das sehr einfach. Doch Roms Soldaten mussten quer durch Europa laufen, wenn sie zu einem neuen Kriegsschauplatz verlegt wurden. Deshalb absolvierten sie während ihrer gesamten Dienstzeit dreimal im Monat lange Übungsmärsche – das verschaffte ihnen den unschlagbaren Vorteil, sich vergleichsweise schnell bewegen zu können. Dafür wiederum brauchte es gute Straßen oder Brücken. Und die wurden ebenfalls hauptsächlich von Legionären gebaut. «Alle Wege führen nach Rom», hieß es. Denn zu jedem Ort, den Rom eroberte, führten neue Straßen, fest gefügt aus verschiedenen Lagen von Stein, Mörtel, Lehm und Schotter, gebaut wie für die Ewigkeit. Meilensteine markierten die genaue Entfernung zwischen Rom und der nächsten Stadt. Die Hauptverbindungswege mussten wenigstens so breit sein, dass zwei Legionen einander ohne Schwierigkeiten passieren konnten. In Viminacium, unweit der heutigen Stadt Belgrad, errichteten Legionäre sogar einen mühsam ins felsige Flussbett der Donau gehämmerten Steg, der bis heute erkennbar ist.

Natürlich wurden die Straßen nicht nur von der Armee genutzt, sondern auch von Händlern und normalen Reisenden. Sie verbanden den größten Teil Europas und der Länder rund um das Mittelmeer wie ein feines Adergewächs. Die meisten römischen Straßen existieren sogar noch: unter dem Asphalt neuer Straßen oder den Schienen unserer Eisenbahnen. Alle zusammengelegt, würden sie die Erde zehnmal umrunden. Nur vierzehn Tage hätte ein kaiserlicher Bote gebraucht, um eine Nachricht von einem Ende des Imperiums ans andere zu bringen. Vorausgesetzt, er ritt Tag und Nacht und wechselte alle paar Stunden sein Pferd. Das war eine für damalige Zeiten beinahe unermessliche Geschwindigkeit. Nach dem Zusammenbruch des Römischen Reichs, nachdem Europa, der Nahe Osten und Nordafrika wieder in kleine und kleinste Teile zerfallen waren und sich keine Macht mehr um den guten Zustand der Straßen kümmerte, sollte es dreizehn Jahrhunderte dauern, bis Menschen wieder so schnell reisen konnten.

Bequeme Besatzer

Rom siedelte Veteranen in eroberten Gebieten an. Sie hatten jahrelang für Rom gekämpft und am Ende ihrer Dienstzeit oft ein Stück Land erhalten, waren also loyale Staatsbürger. An manchen Orten gründete Rom sogar ganze Städte – die so genannten Kolonien – für ehemalige Soldaten, wie die nach der Kaiserin Agrippina benannte Colonia Claudia Ara Agrippinensium, das spätere Köln, oder die nach Kaiser Trajan benannte Colonia Ulpia Traiana, das spätere Xanten. Es verknüpfte seine Provinzen mit Straßen, Brücken und Wasserleitungen. An den großen Routen, Flussübergängen oder Bergpässen gründeten die Einheimischen oft Dörfer, die *vici*. Manche dieser *vici* waren reine Handwerkersiedlungen, die sich auf die Verarbeitung von Ton, Eisen, Kupfer, Glas oder Wolle spezialisiert hatten. Ihre Einwohner profitierten von den Handelsmöglichkeiten, die sich mit dem neuen Verkehrsnetz ergeben hatten. Denn nun konnten sie ihre Waren gut exportieren. Schnell entstanden Marktplätze und Gerichtshallen. An den Grenzen des Imperiums errichtete die Armee Kastelle, feste, aus Stein gebaute Armeelager. Besonders in Germanien, wo immer wieder «Barbaren» die Römer angriffen, wurden viele solcher Befestigungen, die *burgi*, gebaut. Auch in der Nähe der Kastelle wuchsen neue Dörfer, die *canabae*, denn die Soldaten waren eine willkommene Einnahmequelle. Bald siedelten sich Handwerker und Krämer, die Angehörigen der Soldaten mit ihren Sklaven hier an. Man baute Werkstätten und fabrikähnliche Lagerhallen, Wirtshäuser, Bäder und kleine Tempel.

Wenn man sich den Überfluss an Wasser in den Bädern, Fischteichen, Kanälen, Häusern, Gärten und Landgütern nahe bei der Stadt, die Wege, die das Wasser zurücklegt, die errichteten Bögen, die durchgegrabenen Berge und eingeebneten Täler genau vergegenwärtigt, wird man gestehen müssen, dass es auf der ganzen Erde nie etwas Bewunderungswürdigeres gegeben hat! (Plinius der Ältere)

Mit den Bädern und Tempeln, Markthallen und Gerichtsgebäuden verbreitete sich die Sprache der Römer und die römische Lebensart. Eine so angenehme Lebensart, dass sich manch Römer fragte, warum einige Barbarenstämme ihr schweres Leben der so viel bequemeren römischen Zivilisation vorzogen. Plinius, der Offizier und Naturwissenschaftler, konnte über so viel Sturheit nur den Kopf schütteln. Auf kleinen Hügeln in der Nordsee, «abgeschnitten vom Festland bei Flut und nur zu erreichen bei Ebbe», so berichtet er, «wohnt ein armseliges Völkchen, die Chauken. Sie machen in der Nähe ihrer Hütten auf die Fische Jagd, die sich mit dem Meer zurückziehen. Vieh können sie nicht halten und sich auch nicht von Milch nähren wie ihre Nachbarn. Ja, selbst wilde Tiere zu jagen ist ihnen nicht möglich, da weit und breit kein Strauch wächst. Aus Seegras und Binsen drehen sie Stricke und knüpfen daraus die Netze zum Fischfang. Mit ihren Händen sammeln sie Schlamm und trocknen ihn mehr im Wind als in der Sonne. Mit diesem Torf kochen sie dann ihre Speisen und wärmen die vom Nordwind steifen Glieder. Als Getränk dient ihnen nur Regenwasser, das sie in Gruben im Vorraum ihres Hauses sammeln. Und diese Menschen behaupten, wenn etwa heute das römische Volk sie besiegte, dann würden sie Sklaven! Wirklich: Viele verschont das Schicksal, nur um sie zu strafen.»

Rom, daran wollten selbst die Skeptiker unter den gebildeten Römern glauben, herrschte nicht aus Gier und reiner Eroberungslust. Es hatte einen göttlichen Auftrag. Den beschrieb Vergil in der *Aeneis*, dem römischen Nationalepos: *His ego nec metas rerum nec tempora pono, imperium sine fide dedi* – «Ihnen (den Römern) setze ich weder räumliche noch zeitliche Grenzen, ein Reich ohne Ende habe ich ihnen gewährt», verspricht der höchste Gott Jupiter seiner Tochter Venus, der Mutter des römischen Gründervaters Aeneas. Nicht zufällig entstand die *Aeneis* in der Regierungszeit des Kaisers Augustus, der das Imperium nach langen Jahren interner Auseinandersetzungen befriedete und befestigte. Die *Aeneis* war auch eine ideologische Rechtfertigung für dessen Anspruch auf die Weltherrschaft, verbunden mit einer Aufgabe: *Tu regere imperio populos, Romane, me-*

mento / haec tibi erunt artes pacique imponere morem / parcere subiectis et debellare superbos. – «Du Römer, gedenke die Völker herrschaftlich zu lenken – dies werden deine Fähigkeiten sein – und den Frieden durch Gesetze zu ordnen, die Unterworfenen milde zu behandeln und Aufrührer niederzukämpfen.»

Er war so etwas wie der Goethe der römischen Antike: Publius Vergilius Maro, der Dichter, dessen Werke schon zu seinen Lebzeiten in römischen Schulen gelesen wurden. Er wurde 70 v. Chr. in einem Dorf in der Nähe Mantuas geboren. In Rom traf er seinen lebenslangen Freund und Förderer, den reichen Maecenas. Vergil hielt es nicht lange in Rom. Er zog sich nach Neapel zurück und verfasste zahlreiche Gedichtsammlungen. Zehn Jahre lang, bis zu seinem Tod im Jahr 19 v. Chr., arbeitete er an seinem Lebenswerk, der *Aeneis*, die ihn zum Liebling des späteren Kaisers Augustus machte.
Am Hof von Kaiser Augustus war der schwer reiche Gaius Maecenas ein mächtiger Mann. Mit der Politik allein mochte sich der Diplomat und Stellvertreter des Kaisers aber nicht begnügen. Der Lebemann Maecenas, der sich einen prachtvollen Palast und eine Parkanlage auf dem Esquilin errichtete, Schmuck und teure Kleidung sowie schöne Frauen und Knaben liebte, nutzte sein Geld vor allem zur uneigennützigen Förderung junger Dichter. Maecenas' Kreis brachte die größten Berühmtheiten seiner Zeit hervor, so neben Vergil auch Horaz. Aus seinem Namen wurde später ein Begriff für die Förderung der Kunst durch Privatleute – das Mäzenatentum.

Vor dem römischen Imperium existierten schon andere riesige Reiche. Der persische König Kyros und dessen Nachfolger Darius und Xerxes hatten im 6. Jahrhundert vor Christus ein Herrschaftsgebiet erobert, das sich von der heutigen Türkei über den ganzen Nahen und Mittleren Osten bis nach Afghanistan erstreckte. Alexander der Große zog im 3. Jahrhundert vor Christus mit seinem Heer von Griechenland bis Persien. Doch so schnell diese Reiche erobert wurden, so schnell zerfielen sie wieder.

Das Römische Reich sah zahlreiche Herrscher und erlebte viele Krisen. Über Jahrhunderte hinweg lieferten sich der Adel und das Volk, die Plebejer, immer wieder heftige Kämpfe um Macht und Einfluss in der Römischen Republik. Dennoch besiegte Rom in drei großen Kriegen die größte Seemacht des damaligen Mittelmeerraumes: Karthago, die mächtige Stadt in Nordafrika mit Kolonien auf Sardinien, Sizilien, Korsika und der Iberischen Halbinsel. Karthago wurde dem

Erdboden gleichgemacht, sein Herrschaftsgebiet Rom unterworfen. Danach war Rom stark genug, sich auch die Überreste des Reiches von Alexander dem Großen und seinen Nachfolgern einzuverleiben. Griechenland, Ägypten, Kleinasien. Rom erlebte Bürgerkriege unter Caesar und Augustus, das Ende der Republik und den Beginn der Monarchie. Zur gleichen Zeit eroberte es ganz Gallien. Es sah grausame, verrückte und korrupte Kaiser wie Tiberius, Caligula oder Nero, und Feldherren, die sich in kurzer Folge selbst zu Kaisern ausrufen ließen. Doch das Imperium hielt.

Immer wieder machen sich Historiker Gedanken, woran das Römische Reich schließlich zerbrach. Die eigentliche Frage aber ist: Wie konnte es über so viele Jahrhunderte bestehen?

Die Bewohner der Provinzen zur Zeit der römischen Republik hätten sich vermutlich nichts sehnlicher gewünscht, als ihre Kolonialherren endlich wieder loszuwerden. Wohl war man schon von den karthagischen oder syrisch-persischen Vorgängern Roms einiges an Unterdrückung gewöhnt. Doch die Statthalter der römischen Republik in den Provinzen herrschten wie die schlimmsten Blutsauger. Den einträglichsten Boden rissen italische Geschäftsmänner an sich, Roms Steuereinnehmer raubten die neuen Untertanen rücksichtslos aus, kostbare Bodenschätze wurden nach Rom zwangsexportiert. «Dazu kamen dann die eigentlichen Erpressungen nicht bloß des Statthalters selbst», schrieb der berühmte Historiker Theodor Mommsen, «sondern auch seiner ‹Freunde›, von denen jeder ein Anrecht zu haben meinte, durch ihn aus der Provinz als gemachter Mann zurückzukommen. Die römische Herrschaftsschicht glich in dieser Beziehung vollständig einer Räuberbande und betrieb das Plündern der Provinzialen berufs- und handwerksmäßig.»

Das Wort Provinz stammt eigentlich von dem Verb *providere,* was so viel bedeutet wie «nach etwas sehen, für etwas sorgen». Von Fürsorge konnte jedoch keine Rede sein. In den Provinzen tobte man sich ohne nennenswerte Kontrolle der Regierungen in Rom aus –

politisch und wirtschaftlich. Dort holte man sich zurück, was man in die politische Karriere investiert hatte, und wenn die Provinz dabei zugrunde ging. Nur in Fällen besonders unerträglicher Korruption und Rücksichtslosigkeit hatten die Statthalter Strafen zu fürchten. Berühmt wurde der Prozess gegen Gaius Verres, den Statthalter Siziliens, in dem der Redner und Anwalt Marcus Tullius Cicero als Ankläger fungierte. Die Reden Ciceros gegen Verres blieben erhalten und geben bis heute ein – wenn auch nicht ganz unparteiisches – Zeugnis über die Raffgier der Statthalter. Verres, offensichtlich mit einer Vorliebe für schöne Dinge ausgestattet, stahl nicht nur wertvolle Kunstschätze. Mit Hilfe von Scheinprozessen brachte er riesige «Erbschaften» an sich, verteilte gegen Bestechung Beamtenstellen und plünderte die Bauern Siziliens so nachhaltig aus, dass über zwei Drittel Bankrott gingen. Verres wurde ins Exil geschickt. Er blieb eine Ausnahme. Nicht als räuberischer Provinzverwalter, sondern als einer der wenigen von ihnen, denen der Prozess gemacht wurde.

Die Tyrannei der Provinz-Statthalter hörte erst auf, als in Rom eine Diktatur begann: mit Gaius Julius Caesar. Geschickt hatte er sich gegen seine innenpolitischen Gegner durchgesetzt und war schließlich im Jahr seiner Ermordung 44 vor Christus zum «Imperator und Diktator» auf Lebenszeit ernannt worden. Caesar kannte die Zustände in den Provinzen aus eigener Anschauung – zu Beginn seiner Laufbahn hatte er als Statthalter Südfrankreichs und Dalmatiens im heutigen Kroatien gedient. «Man klügelte viele Methoden zur Befriedigung der eigenen Habgier aus. Auf jeden Kopf eines Sklaven oder Freien legte man eine Steuer», schrieb er in seinem Buch über den Bürgerkrieg, *De Bello Civili.* Man «erhob Säulen- und Türensteuern und verlangte Lieferungen von Getreide. Man befahl, dass die Provinzialen Soldaten, Waffen, Ruderknechte, Wurfmaschinen und Fahrzeuge stellen mussten. Wenn man nur einen Namen finden konnte, schien das schon ausreichender Grund, Gelder einzutreiben. Nicht nur die Städte, sondern beinahe jedes einzelne

Dorf und jedes Fort bekam einen besonderen Kommandanten, der die volle Macht innehatte. Wer unter ihnen am härtesten und grausamsten vorging, der galt als Kerl und als bester Patriot. Die Provinz war voll von Amtsinhabern und deren Mitarbeitern, die neben der Einziehung der befohlenen Gelder auch in die eigene Tasche wirtschafteten.»

Man darf davon ausgehen, dass sich Caesar ebenfalls einen beträchtlichen Teil seines unermesslichen Vermögens in den Provinzen «erwirtschaftete». Aber wenigstens erkannte er: Wenn Rom seine Provinzen weiter nur ausbeuten und unterdrücken würde, müsste es bald mit Widerstand rechnen. Caesar strukturierte die Verwaltung der Provinzen neu, führte ein Gesetz gegen räuberische Erpressung ein und stellte den Statthaltern Adjutanten an die Seite, die ihm Rechenschaft ablegen mussten. Er erließ einigen Provinzen die riesigen Schuldenberge – die sie ja erst durch das diebische Verhalten der römischen Herren aufgehäuft hatten. Er begann, Armeeveteranen mit Grundbesitz in den Provinzen zu belohnen. Eine ungeheure Völkerwanderung setzte ein. Allein in der kurzen Zeit seiner Herrschaft siedelte Caesar 80000 Römer – Soldaten, aber auch verarmtes Proletariat aus der Hauptstadt und wohl einige Abenteurer – in den Grenzgebieten des Imperiums an. Und räumte den alteingesessenen Provinzbewohnern die Möglichkeit ein, ebenfalls römische Bürger zu werden.

Caesars Nachfolger Augustus führte fort, was Caesar begonnen hatte. Er beendete die Bürgerkriege, erweiterte das Römische Reich um die Provinz Germanien und festigte die Grenzen. Er nannte sich *princeps*, der «erste Bürger im Staat», wurde faktisch aber ein *caesar*, ein Kaiser und Begründer der Monarchie. Unter seiner Regierung herrschte vierzig Jahre lang Frieden im gesamten römischen Imperium. Zeit genug, eine ordentliche Verwaltung aufzubauen. An die Stelle der Willkür von Steuereinnehmern in den Provinzen trat Berechenbarkeit, an die Stelle von Hass auf die Unterdrücker der Ehrgeiz, gleichberechtigter Bürger dieses Reiches zu werden. Caesar und

Augustus legten den Grundstein für ein Reich, das Hunderte verschiedener Völker unter dem Schirm eines Kulturkreises zusammenfasste. Welcher wiederum lange und intensiv genug wirken sollte, um die Zivilisation Europas bis heute zu beeinflussen.

Der Historiker Tacitus beschreibt in der Biographie seines Schwiegervaters Agricola, des Statthalters von Britannien, wie schnell und auch geschickt die Briten romanisiert wurden: «Um die verstreuten und rohen und dadurch leicht zum Krieg geneigten Menschen an Ruhe und Muße durch Genüsse zu gewöhnen, ermunterte er sie persönlich, Tempel, Märkte und Häuser zu bauen. So war der Wetteifer an die Stelle des Zwanges getreten. Dann ließ er die Söhne der Stammesfürsten in den Künsten ausbilden und stellte die Begabung der Britannier über die Bemühungen der Gallier, sodass diese, welche eben noch die römische Sprache ablehnten, (aus Ehrgeiz) plötzlich Beredsamkeit begehrten. In der Folge kam sogar unser Aussehen zu Ehren, denn immer häufiger trug man anstelle der Landestracht unsere Toga. Allmählich ging man zu den Annehmlichkeiten und Ausartungen über, zu Säulenhallen, Bädern und erlesenen Festgelagen. Und das hieß bei den Unerfahrenen Kultur, während es ein Teil der Knechtschaft war.»

Natürlich konnten die Römer ihr Reich nicht unter Kontrolle halten, indem sie «den Eingeborenen» etwas Latein beibrachten und sie Bäder und Tempelchen bauen ließen. Sie boten

Aus seinen Werken lassen sich nur wenig Rückschlüsse auf das Leben des Historikers Publius Cornelius Tacitus ziehen. Wahrscheinlich wurde er 55 n. Chr. in Südfrankreich geboren. Fest steht, dass er unter dem verhassten Kaiser Domitian *praetor* wurde, aber kurz darauf aus Rom verschwand – vielleicht aus Angst vor der Willkür des Herrschers. Domitians Nachfolger Nerva hingegen verlieh Tacitus die Würde eines Konsuls. Etwa 112/113 verwaltete er als Prokonsul die Provinz Asien. Er starb um das Jahr 120. Tacitus blieb uns vor allem durch seine römische Geschichte von Augustus bis Vespasian (*Annales* und *Historiae*) und durch seine ethnographische Studie über Germanien (*Germania*) in Erinnerung. Vielleicht lag es an den schlechten Erfahrungen mit Domitian: Zeit seines Lebens war Tacitus ein überzeugter Republikaner, der aus seiner Abneigung gegen die Herrschaft der Kaiser auch in seinen Büchern keinen Hehl macht.

wesentlich mehr. *Orbis Romanus, civis Romanus, pax Romana* – der römische Weltkreis, das römische Bürgerrecht und der römische Frieden waren die drei, lange Zeit äußerst stabilen Säulen des Römischen Reiches. Augustus und die Kaiser nach ihm mochten Provinzen erobern und mit Hilfe ihrer Legionen einen «Erdkreis unter römischer Herrschaft» schaffen. Aber sie versuchten, die Besiegten als Verbündete zu gewinnen. Sie legten großen Wert darauf, ihre so verschiedenen Untertanen nicht zu assimilieren, sondern zu integrieren. Das heißt, sie ließen unterschiedliche Traditionen bestehen. In Glaubensangelegenheiten sollte jeder nach seiner Fasson selig werden, solange man neben den eigenen auch Roms Göttern und dem römischen Staat ausreichend Loyalität zollte. Das römische Imperium war kein Einheitsstaat. Man erzwang nicht per Gesetz, dass künftig nur noch eine Sprache, eine Kultur oder eine Religion zu gelten habe. Wer aber innerhalb des Herrschaftsgefüges aufsteigen, wer in Armee, Politik oder Verwaltung Karriere machen wollte, der musste schon Lateinisch lernen und sich der römischen Lebensart anpassen. Das römische Imperium war ein multikulturelles Reich mit einer Leitkultur: der römischen.

Rom war mächtig, ohne Zweifel. Es hätte vielleicht nur mit den Schwertern der Soldaten regieren können. Aber es war klug genug, seinen Untertanen eine Belohnung zu bieten: die Rechtssicherheit. Seit dem 5. Jahrhundert vor unserer Zeitrechnung schon hatte man in Rom Gesetze aufgezeichnet. Zuerst das Zwölftafelgesetz, das wesentliche zivil- und strafrechtliche Probleme regelte. Im Laufe der Jahrhunderte kamen die Erlasse des Senats und später der Kaiser und die Gutachten der *juris prudentes*, der «Kenner des Rechtes», hinzu. Rechtspflege wurde in Rom eine äußerst differenzierte Wissenschaft. Davon profitierten auch die «Provinzialen». In Zivil- wie in Strafprozessen wurde nicht mehr nach dem freien Ermessen der jeweiligen Provinzherrscher gerichtet. Sondern nach einem Recht, das für jede Provinz gleichermaßen galt. Sofern die Einheimischen es so wünschten. Denn Rom kannte keine nationalen Vorurteile. Es schuf neben dem *ius civile,* das automatisch für römische Bürger galt, auch ein *ius gentium,* ein «Recht für die Völker», das deren eigene Traditionen berücksichtigte. Es ließ aber obendrein den Untertanen seines so weit verzweigten Reiches die Wahl, ob nach ihren eigenen oder nach römischen Gesetzen Recht gesprochen werden sollte. Entschieden sie sich für römisches Recht, so konnten sie sich schon damals durch eine ganze Reihe von Instanzen klagen und, wenn es darauf ankam, sogar an den Kaiser selbst appellieren.

Anreiz vor Zwang: Das wurde die römische Herrschaftsphilosophie. Rom führte ein geradezu revolutionäres Prinzip ein. Es achtete nicht auf die soziale oder ethnische Herkunft. Ein jeder, gleich welcher Nation, «Rasse» oder Religion er angehörte, ja selbst wenn er das Kind eines freigelassenen Sklaven war, konnte ohne allzu große Hindernisse römischer Staatsbürger werden. Anfänglich verliehen Roms Kaiser dieses Recht in den Provinzen nur sehr zögerlich. Gleichsam als Belohnung für ihre Romanisierung wurden nur die Angehörigen der Oberschicht in den Provinzen bedacht. Das Kalkül war einfach. Wenn erst einmal das Establishment römische Kultur annahm, die Sprache erlernte und sich römischen Sitten anpasste, dann würde das Volk schon folgen. Manche Kaiser gingen nach dem Geschmack einiger Römer etwas zu großzügig mit der Verleihung des Bürgerrechtes um. Der Philosoph Seneca spottete über Kaiser Claudius, nur dessen Tod habe ihn davon abgehalten, allen Bewohnern des Imperiums mit einem Schlag das Bürgerrecht zu verleihen. Andere, wie Kaiser Nero, der hemmungslos die griechische Kultur bewunderte, machte mit einem Schlag die Bewohner seiner Lieblingsstädte in Griechenland zu Bürgern. *Civis Romanus* zu werden hieß nicht, eine bestimmte Staatsbürgerschaft anzunehmen. Es bedeutete, zu einer Rechtsgemeinschaft zu gehören und unerhörte Aufstiegschancen zu haben. Es spielte keine Rolle mehr, aus welchem Teil des Imperiums oder aus welcher Schicht jemand stammte. Wer tüchtig genug war, auch einiges Talent zum Geldverdienen zeigte, konnte als Bürger und unter Nachweis eines bestimmten Vermögens selbst in die höchsten politischen Ämter aufsteigen.

Warum also sollten die Provinzbewohner, von wenigen Ausnahmen wie der Provinz Judäa abgesehen, gegen die römische Macht aufbegehren? Rom und die *pax Romana,* der römische Frieden, bedeutete Ordnung. Vorbei waren die Zeiten, in denen sich manche Stammesherrscher gegenseitig bekriegten. Vorbei auch die Zeiten, in denen man befürchten musste, auf den Straßen von marodierenden Banden oder auf den Meeren von Piraten überfallen, ausgeraubt, ermordet oder versklavt zu werden. Es genügte, die Armee an den Grenzen zu postieren, um das Reich vor Überfällen der «Barbaren» zu schützen. Im Innern des Reiches herrschten Verwaltungsbeamte.

Die Richtertätigkeit übte er (Kaiser Claudius) leidenschaftlich gern aus. Er band sich dabei nicht immer streng an die Gesetzesvorschriften, sondern bemaß die Strafen je nach Umständen härter oder milder, wobei er sich von seinem Gefühl leiten ließ. Bei der richterlichen Untersuchung und Entscheidung war er von einer ganz eigenartigen Unberechenbarkeit, bald umsichtig und scharfsinnig, bald unbedacht und übereilt, manchmal sogar läppisch wie ein Narr. (...) Anlässlich eines Prozesses gegen einen Mann, der sich widerrechtlich das Bürgerrecht angemaßt haben soll, war zwischen den Anwälten ein unnützer Streit darüber entstanden, ob der Beklagte in der Toga oder im *pallium*, dem Mantel der Ausländer, erscheinen sollte. Um ein glänzendes Beispiel seiner Unparteilichkeit zu geben, entschied Kaiser Claudius: «Der Mann soll jeweils bei der Rede des Anklägers oder Verteidigers die Kleidung wechseln.» (Sueton)

Von Gibraltar bis in den Nahen Osten, von Tanger in Marokko bis zu den Grenzen Schottlands sind noch immer steinerne Spuren des Römischen Reiches zu finden. Aquädukte wie der berühmte «Pont du Gard» in der Nähe der südfranzösischen Stadt Nîmes, Amphitheater wie in der Stadt Caesarea an Israels Mittelmeerküste, Ruinenstädte wie das syrische Palmyra. Oder der Grenzwall Roms, der Limes, der sich von Reinbrohl in der Nähe von Koblenz bis nach Eining in der Nähe von Regensburg erstreckt. Das sind die materiellen Zeugnisse des römischen Imperiums. Doch Rom hinterließ vor allem ein geistiges Erbe. Rom führte einheitliche Gewichte und Maße ein. Den Kalender mit

365 Tagen im Jahr und einem Schalttag alle vier Jahre. Städteplanungen mit dem Prinzip gerade angelegter Parallel- und Querstraßen, wie sie in vielen amerikanischen Städten noch zu finden sind. Ein Postsystem, Krankenhäuser, unser lateinisches Alphabet, Zentralheizungen, mehrstöckige Wohnhäuser und dank einer ausgeklügelten Wasserversorgung und den öffentlichen Bädern auch ein gewisses Maß an Sauberkeit und Hygiene. Bis ins letzte Jahrhundert hinein sollte dieses Niveau nicht wieder erreicht werden.

Und es blieb uns die Sprache erhalten, nicht nur als zuweilen quälender Lateinunterricht an manchen Gymnasien. Denn in den römischen Westprovinzen entwickelten sich aus dem gesprochenen Vulgärlatein die romanischen Sprachen: Portugiesisch, Spanisch, Französisch, Rumänisch und natürlich Italienisch. Das Christentum übernahm Latein als Kirchen- und auch als Gelehrtensprache. Hunderte von Ausdrücken lateinischen Ursprungs füllen nicht nur unseren deutschen Duden, sondern auch englische Wörterbücher.

Bis heute beruht ein großer Teil unseres Zivilrechtes, unserer Jurisprudenz auf den Arbeiten der römischen Rechtsgelehrten. Selbst in Gebieten, die Rom niemals erobert hat und die der antiken Welt noch gar nicht bekannt waren. Sie ersetzten das Stammesrecht, das sich nach dem Motto «So haben wir es schon immer gemacht» entweder aus bestimmten Traditionen oder aber aus der Willkür eines einzigen Herrschers herleitete, durch ein schriftlich fixiertes und daher für alle Bürger geltendes, zugängliches und verständliches Rechtssystem.

Viele der Errungenschaften, die die Bürger des Römischen Reiches genossen hatten, verschwanden wieder mit dem Zusammenbruch des Imperiums. Aber Rom hatte Ideen in die Welt gesetzt, die als Ideale fortleben sollten: Eine durch Gesetze abgesicherte Verwaltung galt weiter als Standard einer guten Regierung. Immer wieder beschäftigten sich Philosophen und Staatswissenschaftler mit der Frage, welche Art von Gesellschaftssystem das beste und gerechteste sei. Sie entwickelten im Lauf der Jahrhunderte die verschiedensten Modelle. Aber die römische Republik, der Versuch, Politik zu einer *res publica*, einer «öffentlichen Angelegenheit», zu machen, an der sich verschiedene Gesellschaftsschichten beteiligen konnten, blieb eine Art Maßstab. Sicher: Rom hatte diese Ideen nicht allein geschaffen. Es griff auf das Wissen, die Philosophie, die Gedankenwelt der Griechen zurück. Aber weil es Griechenland erobert und weil es die Kultur der Eroberten verehrt, bewahrt und weiter entwickelt hat, blieb uns ein großer Teil der Erkenntnisse der gesamten griechischen wie römischen Antike erhalten. Wo der römische Legionär hinmarschierte, bemerkte der große Kulturhistoriker Jacob Burckhardt einst trocken, da folgte ihm der griechische Lehrmeister.

«Das Römische Reich», schrieb der Historiker Theodor Mommsen, «hat den Grundstein für den Frieden und das Gedeihen der vielen vereinigten Nationen länger und vollständiger gelegt, als es irgendeiner Vormacht je gelungen ist.» Zu Beginn des letzten Jahrhunderts konnte er jedenfalls mit Recht feststellen: «Noch heute gibt es manche Landschaft des Orients wie des Okzidents, für welche die römische Kaiserzeit den an sich sehr bescheidenen, aber vorher wie nachher nie erreichten Höhepunkt des guten Regiments bezeichnet; und wenn einmal ein Engel des Herrn die Bilanz aufmachen sollte, ob das vom römischen Kaiser Severus Antonius beherrschte Gebiet damals oder heute mit größerem Verstande und mit größerer Humanität regiert worden ist, ob Moral oder Völkerglück im Allgemeinen seitdem vorwärts oder zurückgegangen ist, so ist es zweifelhaft, ob der Spruch zugunsten der Gegenwart ausfallen würde.»

Warum schnatternde Gänse von Nutzen sein können

Sie waren Europas ausdauerndste Wanderer. Keltisch sprechende Stämme siedelten etwa im 6. und 7. Jahrhundert vor Christus an den Ufern des Schwarzen Meeres, sie lebten im Donaugebiet und zogen schließlich über das heutige Frankreich bis auf die Iberische Halbinsel und nach Britannien. Kelten, so hieß es bei den antiken Schriftstellern, waren zähe Burschen. Sie würden sich sogar so wenig vor dem Tod fürchten, dass sie nicht nur ohne Rüstung, sondern splitternackt kämpften.

Die Römer nannten die Kelten Gallier. Römer und Gallier hatten mehrere, für beide Seiten reichlich traumatische Begegnungen. Im 4. Jahrhundert vor Christus zogen marodierende Keltenhorden bis in das Gebiet nördlich des Flusses Po in Italien. Die Römer versuchten natürlich, den Vorstoß der Gallier in ihr italisches Einflussgebiet aufzuhalten. Doch sie mussten eine vernichtende Niederlage einstecken. Zum Entsetzen der Römer erschien 387 vor Christus die Vorhut der Gallier vor den Toren Roms. Die meisten Römer flüchteten in Panik. In der Stadt blieben nur eine Hand voll entschlossener junger Männer und die meisten Senatoren zurück, die sich auf den kapitolinischen Hügel zurückzogen. So konnten die Gallier in aller Ruhe eine fast völlig verlassene Stadt plündern und niederbrennen. Neben vielen anderen frühen römischen Quellen ging damals auch das Original der ersten Gesetzessammlung der Römer, das Zwölftafelgesetz, verloren.

Unschlüssig, was sie mit ihrer Eroberung und dem letzten Widerstandsnest auf dem kapitolinischen Hügel anfangen sollten, richteten sich die Gallier auf eine längere Belagerung ein. Als sie schließlich eines Nachts den Hügel stürmen wollten, so will es die Sage, schnatterten die heiligen Gänse im Tempel der Göttin Juno so laut, dass die Römer erwachten und die Gallier zurückschlugen. Rom blieb uns also dank lauten Gänsegeschnatters erhalten.

Nachdem sich die Gallier mehrere Monate lang wohl zunehmend gelangweilt in den Ruinen Roms herumgetrieben hatten, zogen sie schließlich ab – vermutlich mit einem ordentlichen Batzen Bestechungsgeld in der Tasche, das die «Exilrömer» gestiftet hatten. Eine spätere Erzählung will es, dass ein römischer Feldherr den Galliern nachgesetzt und sie vernichtend geschlagen habe. Nur dürfte das in den Bereich der Legenden gehören, mit denen eine so schmachvolle Niederlage übertüncht werden sollte. Nach kurzen Überlegungen, ob man die Ruinen Roms nicht verlassen und sich in der Nachbarstadt Veji ansiedeln sollte, entschlossen sich die Römer doch zum Wiederaufbau ihrer Stadt.

Immer wieder kam es zu Scharmützeln zwischen Galliern und Römern, wobei sich die Gallier oft mit Roms Gegnern, wie den Puniern, verbündeten. Doch die nächste große Begegnung zwischen Galliern und Römern etwa ein Jahrhundert nach dem Galliersturm auf Rom ging wenig glimpflich für die Gallier aus. Nachdem Rom schon die südfranzösischen Gebiete erobert und seinem Reich einverleibt hatte, setzte Caesar zur Eroberung ganz Galliens an. Tausende von Galliern müssen von den Legionen Caesars dahingemetzelt worden sein. Gallien war eines der Gebiete, das durch Umsiedlungen der Alteingesessenen und die Neuansiedlungen von Römern am nachhaltigsten romanisiert wurde.

Obgleich Rom am Ende über die Gallier siegte, blieb der Keltensturm auf Rom neben den Punischen Kriegen eine Erfahrung, die sich tief in die nationale Psyche eingegraben hatte. So wie in den USA immer wieder Vietnam-Filme gedreht werden, um ein Trauma zu verarbeiten, spielte Rom bei den Gladiatorenkämpfen immer wieder die Schlachten mit Galliern und Puniern nach – wobei natürlich möglichst jene Gladiatoren siegreich aus dem Kampf hervorgehen sollten, die die Römer verkörperten.

Die keltischen Stämme auf dem europäischen Festland wurden bis zum Verschwinden romanisiert – und germanisiert, denn im 4. Jahrhundert nach Christus wurde Gallien von germanischen

Stämmen wie Franken, Alemannen und Westgoten überrannt. Nur auf den Britischen Inseln, in Wales, Schottland und Irland, lebten noch keltische Stämme weit über den Zerfall des römischen Imperiums hinaus.

«Sklaven sind sie, aber sind sie nicht auch Menschen?» SENECA

VON DER SKLAVEREI

Rom eroberte die Welt. Und die Welt kam nach Rom. In den Tavernen der Hauptstadt drängelten sich Besucher aus Gallien neben maurischen Geschäftsleuten. An den Straßenecken deuteten Weissager aus dem Orient den Passanten die Zukunft. «Lange schon hat sich der syrische Fluss Orontes in den Tiber ergossen», mäkelte Juvenal. «Mit sich brachte er die Sprache und Moral, die Flötenspieler und schrägen Saiten der Harfe. Der da kommt vom hohen Sycon, jener von Amydon; einer von Andros, dieser von Samos, ein andrer von Tralles oder Alabanda: Sie alle ziehen zum (vornehmen Stadtbezirk) Esquilin und Viminal, um die Seele großer Häuser zu werden.» Juvenal konnte es nicht fassen, dass diese Ausländer aus dem Orient als Vertreter höchster Kultur galten, nur weil sie Griechisch sprachen – die Sprache der Gebildeten. Er hasste den Gedanken, dass «diese Leute, die Rom vergriechten», Zugang zu den Häusern der Vornehmen haben sollten, der ihm selbst als armem Schlucker verwehrt wurde. Juvenal vergaß, dass der Preis dafür hoch war: denn die Ausländer kamen nicht als gleichberechtigte Freunde oder Geschäftspartner. Sie wurden die «Seele dieser Häuser», weil sie in ihnen dienen mussten: Mindestens ein Drittel der Bewohner Roms waren Sklaven.

Die Schicksalsgötter der Antike gaben sich launisch. Gefiel es ihnen, stürzten sie Menschen und ganze Reiche von den Gipfeln des Glücks in die Abgründe der Verzweiflung. Karthago war lange die mächtigste Seemacht; die Handelsschiffe der Nordafrikaner kreuzten im gesamten Mittelmeer – gerudert von Sklaven. Dann wurde es von Rom besiegt, seine Hauptstadt dem Erdboden gleichgemacht, und die einst so mächtigen Herren wurden in die Sklaverei ver-

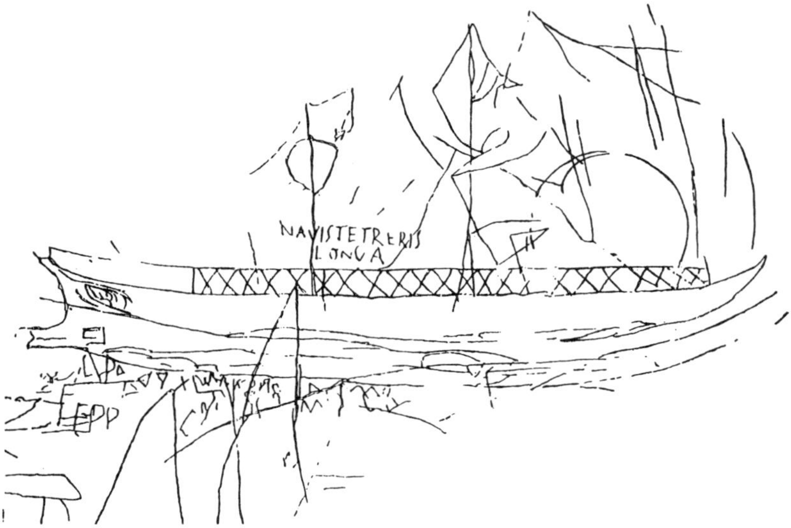

Graffito eines Viererruderers (*navis tetreris longa*), gefunden bei Alba Fucens am Fuciner See.

schleppt. Griechenland beherrschte einmal den gesamten Vorderen Orient. In den Bergwerken der Griechen schufteten Sklaven aus Syrien, Persien und Ägypten. Dann eroberten die Römer auch Griechenland und Horden von griechischen Sklaven wurden auf den Märkten feilgeboten. Zeitzeugen berichten, dass auf der Insel Delos im Ägäischen Meer, dem größten Sklavenumschlagplatz der Antike, allein an einem Tag zehntausend Menschen verkauft wurden. Etwa 250 000 Männer, Frauen und Kinder, so schätzen moderne Historiker, gingen in den hundert Jahren zwischen dem ersten Krieg Roms gegen Karthago und der Eroberung Griechenlands in die Sklaverei. Caesar unterwarf in seinem «Gallischen Krieg» mehr Menschen als jemals ein Feldherr vor ihm. So umsichtig er nach seinem Aufstieg zum Diktator die Verwaltung der Provinzen neu strukturierte, so rücksichtslos hatte er sich dort zuvor als Eroberer verhalten. Ganze Stämme ließ er von seinen Legionären umbringen oder gefangen nehmen und in die Sklaverei verkaufen. Nach dem Feldzug Caesars wurde Rom von einer wahren Sklavenwelle überschwemmt – was den Wert der menschlichen Ware beträchtlich senkte.

Der Preis für einen Sklaven richtete sich danach, wie alt er war und über welche besonderen Qualifikationen er verfügte. Hatte ein Sklave sich schon einmal widerspenstig gezeigt, so bekam er eine Marke um den Hals gehängt, die ihn als *fugitivus*, der Flucht verdächtig, brandmarkte. Für derlei mindere Qualität hatte der Sklavenhändler einen Preisnachlass zu gewähren. Zwischen 800 und 2500 Sesterzen musste der neue Besitzer für einen Sklaven zahlen. Für reiche Römer, die ein Vermögen in Millionenhöhe besaßen, war das ein Taschengeld, für Roms Normalbürger beinahe ein Jahreseinkommen. Sklaven waren billiger, wenn die Feldherren neue Beute brachten. Und teurer, wenn die Händler in Friedenszeiten nur auf den üblichen Nachschub zurückgreifen konnten: Reisende, die von Piraten oder Wegelagerern gekidnappt wurden. Kinder, die verarmte Eltern einfach ausgesetzt hatten. Freie, die ihre Schulden nicht begleichen konnten und sich deshalb selbst verkauften. Die Unglücklichsten dieser menschlichen Ware endeten in den Bergwerken und Steinbrüchen oder als Ruderer auf den Galeeren. Die Kräftigsten in den Gladiatorenschulen. Die Geschicktesten wurden als Diener, Lehrer, Sekretäre oder Ärzte in die Haushalte reicher Römer verkauft oder als Arbeiter in kleine Firmen und Handwerksbetriebe. Der große Rest schuftete auf den Landgütern Italiens.

Die mit Arbeit in den Bergwerken beschäftigten Sklaven liefern ihrem Herrn unglaublich hohe Einkünfte, sie selbst aber, die in den Gruben unter der Erde ihren Körper Tag und Nacht aufreiben müssen, sterben in großer Zahl unter dem außerordentlich harten Einsatz; denn ihnen wird bei ihrer Tätigkeit keine Erholung oder Pause gewährt, sie müssen vielmehr unter den Schlägen ihrer Aufseher auf solch elende Weise ihr Leben opfern, wobei freilich einige dank ihrer Körperkräfte und Seelenstärke imstande sind, derartige Strapazen über einen langen Zeitraum hin auszuhalten. (Diodor)

«Der Sklavenschaft soll es nicht schlecht gehen. Sie soll nicht frieren und nicht hungern», schrieb Cato, Soldat, Schriftsteller und

Politiker, in seinem Buch über die Landwirtschaft *De Agri Cultura.* Cato, der als junger Mann in den Kriegen gegen Karthago gekämpft, die Eroberung Griechenlands miterlebt und sich zeit seines Lebens gegen den intellektuellen «Einfluss der verweichlichten Griechen» gewehrt hat, war ein typischer konservativer Römer der Oberschicht. Man stellte sich dem Staat, das heißt der herrschenden Adelsschicht, mit Rat und Tat, als Beamter, Senator oder Offizier zur Verfügung. Man pflegte die alten Tugenden des römischen Bauernvolks und betrieb ein Landgut. Aber harte körperliche Arbeit galt als äußerst unfein. Die überließ man den Angehörigen der Unterschichten, der *plebs* – und den Sklaven. Denn Rom profitierte zweifach von seinen Sklaven: Sie waren als billige Arbeitskräfte unerlässlich für die Wirtschaft. Und sie erlaubten der Oberschicht den luxuriösen Lebensstil, die feine Lebensart eines Edelmannes, der sich seiner politischen Laufbahn oder seinen Studien widmen konnte. Genau genommen profitierte Rom sogar dreifach, denn vor allem die griechischen Sklaven brachten Kultur – Wissen und Bildung – nach Rom.

Hätte man einen Sklaven auf der Straße erkennen können? Lief ein Teil der Bevölkerung Roms in Ketten und abgerissenen Tuniken herum, während der andere mit Sänften durch die Gegend geschaukelt wurde? Nein. Bis ins 1. Jahrhundert unserer Zeitrechnung hinein, als die Kaiser anfingen, Gesetze für eine etwas menschlichere Behandlung der Sklaven zu erlassen, wurden zwar auf den großen Landgütern des Imperiums manche Sklaven noch immer wie Vieh gehalten. Auf den gleichen Landgütern aber arbeiteten Sklaven auch als hoch geschätzte Spezialisten für bestimmte Fachbereiche wie Obst- oder Weinanbau, für Kleinviehzucht oder die Gewinnung von Olivenöl. Oder sogar als Gutsverwalter, denen wiederum die Aufsicht über andere Sklaven übertragen wurde. In den Bergwerken, beim Straßenbau oder auf den Galeeren schufteten sich Massen von Sklaven zu Tode. Aber in den kleinen Handwerksbetrieben, die sich meist nicht mehr als zwei Sklaven leisten konnten, arbeiteten sie zusammen mit dem Meister, aßen und schliefen bei der Familie. Wahrscheinlich lebten sie nicht anders als die Knechte auf den Bauernhöfen Europas noch bis ins 20. Jahrhundert hinein. Ihr Status war gering, aber sie gehörten zum Haus.

Es gab auch reiche Sklaven, ja sogar Sklaven, die selbst Sklaven besaßen. Meist lebten sie am Hof des Kaisers. Man musste ein paar Voraussetzungen erfüllen, möglichst im griechischsprachigen, als kultiviert geltenden Osten des Reiches oder gar am Hof geboren und in der palasteigenen Sklavenschule, dem *paedagogium*, ausgebildet worden sein. Die Sklaven des Kaisers waren privilegiert, durften sogar freie Frauen heiraten und sich meist schon bald selbst freikaufen. Wenn sie es geschickt anstellten, konnten sie am Kaiserhof sogar ein Vermögen scheffeln. Von einem gewissen Sklaven Callistus ist eine derartige Karriere überliefert. Er war von seinem Besitzer Isidorus drangsaliert worden, kam schließlich an den Hof des Kaisers Caligula und wurde dort so reich, dass er sich eine palastartige Villa bauen und selbst 4116 Sklaven besitzen konnte. Callistus galt damit als ein schwerreicher Mann; zum Vergleich: Im Haushalt eines Patriziers lebten meist nicht mehr als 400 Sklaven. Den Großteil seiner Zeit, so berichtet der Naturforscher Plinius, beschäftigte sich Callistus damit, seinem früheren Besitzer Isidorus das Leben schwer zu machen. Muscius Scurranus, seines Zeichens Finanzverwalter des Kaisers Tiberius, ging nie ohne eine Entourage von 16 Untersklaven, den *vicarii*, auf Reisen. Sein Tross umfasste einen Geschäftsführer, einen Buchhalter, einen Arzt, zwei Kammerdiener, zwei Spezialisten für das Silbergeschirr, einen Kleiderwärter, drei Sekretäre, zwei Boten und eine Dame, deren Berufsbezeichnung nicht näher angegeben wird. Ein gewisser Pallas, Sohn einer Adelsfamilie aus Arkadien im heutigen Griechenland, verkaufte sich selbst in die Sklaverei, wurde Gutsverwalter bei einer Dame des kaiserlichen Hofes und stieg schließlich zum Finanzmi-

Kaum wird ein Sklave zum Wärter des kaiserlichen Nachttopfs, gilt er schon als kluger Kopf. (Epiktet)

nister und zur grauen Eminenz unter Kaiser Claudius auf. Kaiser Domitian machte sich gar einen Spaß daraus, seinen Hofzwergsklaven zu öffentlichen Veranstaltungen mitzunehmen und mit ihm weithin hörbar die Staatsgeschäfte zu debattieren. Von manchen berühmten Römern, wie dem Konsul und Schriftsteller Cicero, ist überliefert, dass sie sich mit Sklaven sogar befreundeten. Tiro, der Sohn eines Sklaven, wuchs mit Cicero auf, redigierte dessen Reden, verwaltete die Finanzen seines Herrn und entwickelte eine eigene Kurzschrift, die noch bis ins 14. Jahrhundert hinein benutzt wurde. Selbst nachdem Cicero seinen Tiro freigelassen hatte, blieb er bei ihm. Auch zwischen Ammen und ihren Zöglingen oder zwischen den Privatlehrern in den reichen Haushalten und deren Schülern entwickelten sich oft enge Beziehungen. Aus den Inschriften vieler Grabsteine geht hervor, dass römische Herren ihre Sklaven sogar in der Familiengruft beerdigen ließen.

Wenn also Sklaven zum Teil bis zum Umfallen schuften mussten, wenn sie aber auch eigenständig Geschäfte machen und selbst Sklaven besitzen durften; wenn man sie einerseits einfach an Gladiatorenschulen verkaufen und sie in der Arena auf Leben und Tod aufeinander hetzen durfte, wenn sie andererseits aber auch vornehme Patrizierkinder unterrichten oder gar den Kaiser beraten durften: Was machte dann einen Sklaven zum Sklaven?

Das Gesetz. Sklave zu sein bezeichnete vor allem einen rechtlichen Status. «Die Sklaverei ist eine Einrichtung des Völkerrechtes, durch die jemand wider die Natur einer fremden Herrschaft unterworfen wird», heißt es in der umfassenden Sammlung von Gesetzen und Gesetzeskommentaren, den Digesten. Das Gesetz stellte «nur» fest, dass ein Mensch Eigentum eines anderen Menschen oder einer juristischen Person war. Sklaven galten rechtlich als Sache. Wer die Sklaven eines anderen «beschädigte», wer sich womöglich als Fluchthelfer betätigte, wurde streng bestraft. Wie man eben jemanden bestraft, der sich an fremdem Eigentum vergeht. Den Sklaven war nicht erlaubt zu heiraten, aber ein Herr konnte ihnen großzügig das Recht einräumen, mit einer Sklavin zusammenzuleben. Die Herren hatten dafür durchaus eigennützige Motive, denn die Kinder von Sklaven waren automatisch auch Sklaven. Auch gerichtliche Angelegenheiten durften Sklaven nicht selbst führen, sondern mussten sich von ihrem Herrn vertreten lassen. Sie unterstanden der *potestas* ihres Herrn, also dessen unumschränkten Macht über Leben und Tod.

Nutzten die Herren ihre Macht? Ohne Frage waren die Sklaven der Willkür ihrer Herren ausgeliefert. Niemand kümmerte sich groß darum, wenn die Zwangsarbeiter in den Bergwerken geprügelt und schlecht ernährt wurden, wenn sie erschöpft zusammenbrachen oder gar an den Peitschenhieben ihrer Aufseher zugrunde gingen. Auf den Landgütern sperrte man aufsässige Sklaven abends gefesselt ins *ergastulum*, eine Art Kerker. Das Gesetz sah jedenfalls keine Strafe vor, wenn es einem Herrn beliebte, seine Sklaven zu misshandeln, einem seiner Diener eine Ohrfeige zu verpassen oder ihn gar auspeitschen zu lassen, nur weil er sich ungeschickt angestellt hatte. Niemand stieß sich daran, weder die Gesellschaft noch die Ehefrau, wenn der römische Herr beim Besuch auf dem Landgut die Lebensgefährtin seines Sklavenverwalters zu sich ins Bett rief. Oder zu Hause Liebschaften mit hübschen Sklavinnen unterhielt, was teils nichts anderes als sexueller Missbrauch war, teils aber von den Sklavinnen genutzt wurde, um ein Vertrauensverhältnis zum Herrn aufzubauen und so vielleicht bald die Freilassung erwirken zu können. Wenn hingegen manche vornehmere Dame einem attraktiven Sklaven nicht widerstehen konnte, störte das die Moralvorstellungen der konservativen römischen Männer. Dann wurde der betreffende Sklave schwer bestraft und im schlimmsten Fall sogar an eine Gladiatorenschule verkauft. Auch wenn sich ein gehörnter Ehemann mit solch einer exzessiven Strafe vor den Augen der Öffentlichkeit eher lächerlich machte. «Also, Glyco, ein Mensch, der keinen Heller wert ist, hat seinen Buchhalter erwischt, wie er es mit der Herrin trieb», klatschen die Gäste in Petronius' Roman *Satyrikon* bei einem Gastmahl. «Da hat er ihn den wilden Tieren vorwerfen lassen. Mit so etwas blamiert man sich doch nur selber.»

In jedem Haus musste der Sklave die Strafe seines Herrn fürchten, auch am Hof war man nie sicher, ob der Kaiser aus irgendeiner Laune heraus beschloss, einen seiner Kammerdiener, Tierwärter, Botenjungen, Sänftenträger, Polierer des Silber- oder Goldgeschirrs, einen seiner Pferdeknechte, Vorleser, Bibliothekare, Tafeldiener, Kellermeister, Einkäufer oder Köche für das geringste Vergehen zu bestrafen. Auspeitschen zu lassen oder, schlimmer noch: zu den gemeinen Landsklaven auf einen seiner Gutshöfe oder zur Pflege des kaiserlichen Gartens abzukommandieren.

Wenn der Gutsbesitzer Cato oder andere dafür plädierten, Sklaven nicht hungern oder frieren zu lassen, entsprang das nicht etwa einem Anflug von Menschlichkeit. Sondern dem Kalkül eines Unternehmers, der seine Investitionen nicht verdorben oder verschleudert, sondern möglichst intelligent genutzt sehen will. Einen Pflugochsen prügelte man schließlich auch nicht zu Tode, ein landwirtschaftliches Gerät ließ man nicht verrotten. «Der Gutsverwalter soll die Sklaven durch Arbeit gut in Bewegung halten; er wird sie so leichter vor Bosheit oder Diebstahl bewahren», empfahl Cato. «Wenn der Gutsverwalter nicht will, dass sie Böses tun, so werden sie es nicht tun. Für Wohlverhalten soll es Belohnung geben, damit andere Lust bekommen, richtig zu handeln.» Die Alten und Kranken, die nicht mehr rentablen Sklaven aber, da quälten Cato

Titus Petronius blieb der Nachwelt durch ein Werk erhalten, das leider nur in Bruchstücken überliefert ist: das *Satyricon*. Hauptperson ist ein junger Mann namens Enkolpius, der mit einem Freund und seinem Lustknaben Giton quer durch Süditalien reist, allerlei Abenteuer besteht und sich nebenbei über Rhetorik und Bildung Gedanken macht.
Von Petronius wissen wir wenig Biographisches. Tacitus beschreibt ihn als Bonvivant, der tagsüber schlief und nachts ausging, aber als Konsul sehr geachtet war. Er gehörte zum Kreis um Kaiser Nero, doch fiel er etwa 66 n. Chr. dessen Paranoia zum Opfer. Einer Verschwörung bezichtigt, musste er sich auf Geheiß Neros die Pulsadern öffnen. Was er mit erstaunlicher Gelassenheit, im Kreise von Freunden bis zu seinem Tode plaudernd, auch getan hat.

keinerlei Skrupel, könne man als «überflüssiges Gut» einfach verkaufen.

Schutz vor der Willkür der Herren bot im Rom der Kaiserzeit nur eine Art Asylverfahren. Im schlimmsten Notfall durften Sklaven zu einer Götterstatue oder in einen Tempel flüchten. Dann mussten die zuständigen Stellen mit dem Herrn verhandeln und ihn zu einem etwas pfleglicheren Umgang mit seinem Besitz überreden.

Es lag also im Ermessen der Herren, wie gut oder schlecht sie ihre Sklaven behandeln wollten. Und es lag im Ermessen der Öffentlichkeit, ob man eine harte Strafe gegen einen Sklaven, die sich offensichtlich schnell herumsprach, billigte oder nicht. Der Historiker Sueton berichtet, dass Kaiser Augustus einem seiner Sklaven «die Beine zerbrechen ließ, weil dieser gegen ein Bestechungsgeld einen Brief des Kaisers herausgegeben hatte». Er erwähnt diesen Zwischenfall nicht tadelnd. Solange die Römer den Eindruck gewinnen konnten, dass harte Behandlung eines Sklaven in einem angemessenen Verhältnis zu dessen Schandtat stand, konnten sie an einer grausamen Bestrafung nichts Übles finden.

Können Sklaven verliebt sein?

Ein guter Herr sollte aber das Machtgefälle zwischen Herr und Sklave nicht zur Befriedigung sadistischer Leidenschaften nutzen oder womöglich Lust am Strafen entwickeln. Sonst wäre er kein guter Herr. Er sollte möglichst einen freundlichen, gemäßigten Umgang mit den Sklaven pflegen, so wie Seneca, der Philosoph und Lehrer des Kaisers Nero, es vorschlug.

«‹Es sind Sklaven› – aber doch Menschen», schrieb Seneca in einem – durchaus für die Veröffentlichung gedachten – Brief an seinen Freund Lucilius. «‹Es sind Sklaven› – aber doch Freunde aus bescheidenem Stand. ‹Es sind Sklaven› – aber doch deine Mitsklaven – denn du musst bedenken, dass Freie und Unfreie gleichmäßig der Macht des Schicksals unterliegen.» Nach diesem «Wortwechsel» hält Seneca seinem Freund Lucilius eine Moralpredigt: «Zeig mir den Mann, der nicht ein Sklave wäre! Einer ist Diener der Wollust, ein anderer der Habsucht, ein dritter des Ehrgeizes, aber alle sind Diener der Hoffnung, alle Sklaven der Furcht. Ich kann dir einen früheren Konsul nennen, der einem alten Weib sklavisch ergeben ist. Ein Reicher ist Sklave einer jungen Dienerin, junge Männer von höchstem Stand Sklaven von Ballett-Tänzern: Keine Sklaverei ist schändlicher als diese freiwillige! Lass dich daher von den arroganten Herrchen nicht beeindrucken. Sei freundlich zu deinen Sklaven, nicht stolz und von oben herab: Sie sollen dich ehren, nicht fürchten!»

Seneca zufolge trennte nur ein Schicksalsschlag die Freien von den Unfreien. Man hatte schließlich schon angesehene Offiziere gesehen, die an einem Tag noch einer Legion voranritten und am nächsten, nach verlorener Schlacht, in Kriegsgefangenschaft und Sklaverei abgeführt wurden. Sklaven waren keine minderwertigen Menschen, sie hatten einfach Pech gehabt. Das war Schicksal, und gegen das Schicksal rebellierte man nach Ansicht des Stoikers Seneca nicht. Wer aber das glückliche Los gezogen hatte, frei zu sein, sollte den Unfreien nicht herrisch, sondern väterlich begegnen. Das – und nicht etwa die Freilassung aller Sklaven – galt als humanes und ehrbares Verhalten.

Zu seiner Zeit war Seneca «Kult». Gerade junge Römer verschlangen jedes seiner Werke. Lucius Annaeus Seneca wurde – wann, ist nicht genau bekannt – im spanischen Córdoba geboren, kam aber schon als Kind nach Rom. Natürlich schlug er eine politische Laufbahn ein. Seine Karriere wurde vor allem von Frauen beeinflusst. Zunächst von Messalina, Gattin des Kaisers Claudius, die gegen Seneca intrigierte und sogar dessen Verbannung nach Korsika erwirkte. Dann von der ambitiösen Agrippina, der Mutter Neros, die ihrem Sohn den Thron sicherte, indem sie alle anderen Aspiranten kurzerhand aus dem Weg räumte und Seneca zum Erzieher Neros bestellte. Seneca war wohl nicht sehr erfolgreich. Als Nero die ständigen Ermahnungen seiner Mutter auf die Nerven gingen, ließ er diese einfach umbringen. Bald darauf zog Seneca sich zurück. Einer Verschwörung gegen den Kaiser beschuldigt, wurde Seneca 65 n. Chr. von Nero zum Selbstmord gezwungen.

Die Idealvorstellung vom guten *pater familiae,* einem Herrn, der streng, aber gerecht seinem Haushalt vorstand, war für Römer die Lösung des Widerspruchs, der sich zwischen der gesetzlich legitimierten Sklaverei und dem seit der Kaiserzeit verbrieften «unveräußerlichen Recht des Menschen auf Freiheit» auftat. Indem man Sklavenhalter als treu sorgende, gestrenge Väter und die Sklaven als eine Art Kinder ansah, verlieh man der Sklaverei ein freundliches, für alle erträgliches Gesicht.

Nahm man sie überhaupt als Menschen wahr, so wurden sie verniedlicht, wie unmündige Kleinkinder behandelt. Man nannte sie *puer,* «Jüngelchen», oder *puella,* «Mädchen», so wie man im Südafrika der Apartheid die schwarzen Hausangestellten «boys» oder «Dienstmädchen» nannte. Selbst wenn sie graue Bärte trugen oder eigene Kinder hatten. Von einzelnen Ausnahmen abgesehen, verstanden die Sklaven eben vieles nicht, und schon gar nicht verfügten sie über die gleichen hehren Gefühle wie die Herrschaft. Schockiert fragt der Held einer Komödie von Plautus: «In diesem Lande sind die Sklaven jetzt verliebt?»

Gefühle hatten die Sklaven höchstens für ihren Herrn zu zeigen. Senecas Buch *De Beneficiis* – «Von den Wohltaten» – ist voll von Geschichten über die Treue der Sklaven, die sogar mit den Herren in den Tod gingen. Die sich, wenn die Herrschaften zu Staatsfeinden oder einfach nur zu persönlichen Feinden des Kaisers erklärt wurden, selbst auf der Folter nicht zu Denunziationen hinreißen ließen. Oder gar, höchster Ausdruck einer innigen Beziehung, ihrem verfolgten Herrn Hilfe beim Selbstmord gewährten. Gehorsam hatten sie ihrem «Vater» zu zollen, nur dann waren sie gute Sklaven. Ihre Besitzer waren mit einem respektvollen *dominus,* «Herr», oder *domina,* «Herrin», anzusprechen, so wie die Dienstboten des 19. Jahrhunderts von ihrem Arbeitgeber als «Master» oder «die gnädige Frau» sprachen. Einige Sklaven scheinen diese «Wertvorstellung» auch verinnerlicht zu haben. «Deine Idioten von Herren haben dir wohl keinen Gehorsam beigebracht?», schreit in Petronius' Roman

Satyrikon einer der Gäste beim Gastmahl des neureichen Trimalchio einen Sklaven an. Und hatte dabei völlig vergessen, dass er selbst einmal Sklave gewesen war.

Vertrauten die Römer wirklich darauf, dass die Sklaven sich ihren Besitzern freiwillig unterwarfen, sie gar ehrten und liebten? Nicht unbedingt. Denn man wusste, dass erzwungene Liebe auch in Hass umschlagen konnte. *Tot servi tot hostes,* schreibt Seneca. Alle Sklaven sind auch potentielle Feinde. Nicht nur die Diener fürchteten ihre Herren, die Herren lebten ebenso in Furcht vor den Sklaven. Besorgt schreibt Plinius der Jüngere an einen Bekannten, dass sein Freund, der Ritter Robustus, mit einem Sklaven auf Reisen gegangen und seither spurlos verschwunden sei. Hat der Sklave ihn umgebracht? In den letzten Regierungsjahren des Kaisers Nero, berichtet der Historiker Tacitus, wurde Rom von einem Skandal erschüttert. Der Stadtpräfekt Pedanius Secundus, ausgerechnet oberster Gerichtsherr über Sklavenangelegenheiten, war von einem seiner Diener ermordet worden. Laut Gesetz sollten nun alle Sklaven, die zum Zeitpunkt des Verbrechens im Haus lebten, zum Tode verurteilt werden – immerhin über vierhundert. Rom war entsetzt, es kam sogar zu Unruhen. Die Sache ging vor den Senat, der das Urteil tatsächlich vollziehen ließ. Auch wenn man die Straße, auf der die Verurteilten zum Richtplatz geführt wurden, mit einem riesigen Polizeiaufgebot gegen Demonstranten abriegeln musste. Offensichtlich wollte der Senat ein Exempel statuieren lassen, um andere Sklaven abzuschrecken, die womöglich auch Mordgedanken gegen ihre Herren hegten.

Man konnte Mitgefühl für das Schicksal eines einzelnen Sklaven zeigen, sich sogar mit ihm befreunden. Man konnte auch über die Grausamkeit einiger Herren die Nase rümpfen. Aber waren die frei Geborenen deshalb von der Institution der Sklavenschaft irritiert? Nein. Seneca, der große Philosoph, der einen menschlichen Umgang mit den bedauernswerten Angehörigen dieses niedrigen Standes predigte, kam nicht im Traum auf die Idee, dass die Sklaverei an sich vielleicht unmoralisch sein könnte. Als unmoralisch, «arrogant», einem gebildeten Römer nicht angemessen, empfand er nur einen allzu herrischen Umgang mit den Sklaven.

Vielleicht lag die Lösung dieses Widerspruches außerhalb der Vorstellungskraft Senecas. Denn weder er noch irgendein anderer Mensch der Antike verstieg sich je zu einer grundsätzlichen Kritik an der herrschenden Gesellschaftsordnung, zu einem Zweifel an der Berechtigung der Sklaverei. Selbst die Christen nicht. Der Apostel Paulus predigte zwar die «Gleichheit aller Menschen» – jedoch nur «im Geiste», nicht vor dem Gesetz. Den entlaufenen, christlichen Sklaven Onesimus schickte er prompt zu seinem ebenfalls christlichen Herrn Philemon mit einem in der Bibel enthaltenen Brief zurück. «Wenn er dir einen Schaden zugefügt hat», so schreibt er, «das setze mir auf die Rechnung.»

Spartacus, ein entlaufener Gladiator, probte im 1. Jahrhundert vor unserer Zeitrechnung den Aufstand. Fast zehntausend Sklaven liefen zu ihm über und zogen zwei Jahre plündernd und marodierend durch Süditalien – bis schließlich römische Legionen gegen ihn vorrückten, die Sklavenarmee vernichtend schlugen und zur Abschreckung grausam straften. Über hundert Kilometer lang, von Rom bis Capua, säumten die gekreuzigten Sklaven die Via Appia. Bis zum heutigen Tag gilt Spartacus als Symbol des Freiheitskampfes aller Unterdrückten. Aber Freiheit wollte er nur für sich – die Abschaffung der Sklaverei hat er nie gefordert.

Es sollte fast zweitausend Jahre dauern, bis zum ersten Mal in der Geschichte der Menschheit ein für alle geltendes Gesetz gegen die Sklaverei, gegen die «völlige rechtliche und wirtschaftliche Abhängigkeit eines Menschen von einem anderen» verabschiedet wurde: In der Allgemeinen Erklärung der Menschenrechte, die die Vereinten Nationen 1948 erließen, heißt es: «Niemand darf in Sklaverei oder Leibeigenschaft gehalten werden; Sklaverei und Sklavenhandel in allen Formen sind verboten.» Trotzdem schätzen Menschenrechtler, dass jetzt, im 21. Jahrhundert, etwa 100 Millionen Menschen auf der ganzen Welt faktisch wie Sklaven leben: in den Ziegeleien, Steinbrüchen oder Bergwerken der Dritten Welt, weil sie irgendeine «Schuld» begleichen müssen. Als Prostituierte oder sogar als Haussklaven reicher Bürger im Westen.

Die Römer fanden einen anderen Ausweg aus dem Widerspruch zwischen der grundsätzlichen Freiheit des Menschen und der Sklaverei: die Freilassung.

Frei, reich und verspottet

Gehorsam sein, sich mit dem Herrn gut stellen, fleißig arbeiten, um Sonderzulagen oder Geschenke zu bekommen. So konnte ein Sklave relativ schnell ein eigenes Vermögen, das *peculium*, ansparen, um sich freizukaufen. Fast die Hälfte der Sklaven Roms, schätzen moderne Historiker, wurden vor ihrem dreißigsten Geburtstag freigelassen – die Institution der Sklaverei wurde also faktisch zu einer vorübergehenden Zwangsarbeit. Doch selbst wenn der Sklave sein *peculium* zusammenhatte, brauchte es noch die Genehmigung des Besitzers und eine förmliche Anerkennung vor Gericht per Freilassungsurkunde, per Testament oder vor befreundeten Zeugen.

Warum aber sollte sich ein Herr zu einer *manumissio*, einem «Entlassen aus seiner Hand», bequemen? Manche wollten sich noch nach dem Tod als gute und großzügige Herren beweisen und verfügten deshalb testamentarisch, bestimmten, zuweilen sogar allen Sklaven die Freiheit zu schenken. Oft waren die Motive weniger edel. Die Sklavenhalter profitierten davon. Sklaven kosteten Geld, alte Sklaven kosteten noch mehr Geld. Sie konnten nicht mehr so hart arbeiten, und seit Kaiser Claudius verfügt hatte, kranke Sklaven nicht mehr einfach vor den Toren des Lazaretts auf der Tiberinsel auszusetzen, musste man für deren medizinische Versorgung aufkommen.

Außerdem waren selbst Freigelassene nicht völlig aus der Obhut und den Verpflichtungen ihrem Herrn gegenüber entlassen. Sie gehörten automatisch zu dessen Klientel, mussten ihm allmorgendlich die Aufwartung machen und durften nicht gegen ihn prozessieren. Manchmal hatten sie sich vor ihrer Freilassung per Eid zu bestimmten Diensten im Haus, auf dem Landgut oder den Betrieben des Herrn zu verpflichten. Am wichtigsten aber war: Der Sklave blieb auch als Freigelassener eine Investition. Mit Vorliebe entließ man jene aus der Sklaverei, die sich selbständig einen Lebensunterhalt verdienen und vielleicht sogar das Vermögen ihres Herrn mehren konnten. Denn die Freigelassenen kannten die Lebenswelt ihrer ehemaligen Besitzer, teilten aber nicht deren Standesdünkel. Das heißt: Sie gingen bei Roms oberen Zehntausend ein und aus und konnten mit Hilfe ihrer Patrone wichtige Verbindungen knüpfen. Aber anders als jene durften sie sich die Finger an richtiger Arbeit schmutzig machen. Die noblen Herren betrieben Politik, die Freigelassenen Geschäfte, oft genug mit einem Grundstock von Kapital, das ihnen von den Patronen zur Verfügung gestellt worden war. Und oft genug mit Gewinn für ihre ehemaligen Herren.

Die Freigelassenen verfügten über Qualifikationen, die sie bereits als Sklave in einen vornehmen Haushalt gebracht hatten, oder die sie sich während ihrer Zeit als Sklaven angeeignet hatten. Die Verwaltungsbeamten am Hof der Kaiser waren in großer Mehrzahl Freigelassene. Ebenso die Chefs großer Handwerksbetriebe oder Handelshäuser, die im gesamten Imperium zu finden waren. Sie besaßen den Ehrgeiz, ihren geringeren gesellschaftlichen Stand mit Tüchtigkeit und dem Erwerb von Reichtum wieder wettzumachen. Sie stürzten sich mit Elan auf Gebiete, die ihnen die feine Gesellschaft nicht verwehrte, engagierten sich in Berufsverbänden und Religionsgemeinschaften, spendeten Geld für die Armen, ließen Prachtbauten errichten oder sich in die Verwaltungen der römischen Provinzstädtchen wählen. Vor dem Gesetz waren sie nach ihrer Freilassung gleichberechtigte Bürger, ihre Söhne durften bereits wie alle anderen frei geborenen jungen Römer zum Fest ihres Erwachsenwerdens die *toga praetexta*, die purpurbesetzte Toga, tragen. Selbst unter Senatoren konnte man Abkömmlinge von Freigelassenen finden.

Die Römer kannten keinen Hass auf die Fremden, die als Sklaven aus dem gesamten Reich gekommen waren. Sie verachteten niemanden, weil er ein dunkler Nubier oder Thraker war. Allenfalls hatten sie wenig übrig für Germanen, die als Sklaven nicht sonderlich beliebt, weil zu aufsässig waren. (Auch wenn die von den Köpfen blonder germanischer Sklavinnen geschorenen Haare als Perücken bei vornehmen Römerinnen sehr begehrt waren.) Aber sie kannten sehr wohl den Neid der Armen auf die ehemaligen Schemelhalter der High Society, die mit Hilfe ihrer Patrone bessere Aufstiegschancen hatten als arme, aber frei geborene Römer. Und sie kannten die Verachtung des Gesellschaftsadels für die Vulgarität der Neureichen. Der Satiriker Juvenal, ein angesehener römischer Bürger, aber armer Schlucker, beschreibt, wie ein reicher Freigelassener sich als Klient vor der Tür seines Patrons vordrängelt und vor allen anderen mit seinem Reichtum protzt. «‹Ich war zuerst hier›, schreit er, ‹und warum soll ich mich scheuen, meinen Platz zu behaupten, auch wenn ich am Euphrat geboren wurde. Trotzdem aber bringen mir fünf Banken meine vierhunderttausend Sesterzen ein. Was erreicht man schon Besseres im Senatorengewand? Ich habe mehr Geld als Pallas und Licinus (die reichsten Freigelassenen zur Zeit Juvenals).› Da müssen die Tribunen warten:

Seine Gedichte waren für ihn wie Sklaven – kostbarer Besitz, der ihm oft genug einfach gestohlen und kopiert wurde. Bitter beschwerte sich der Dichter Martial über solche *plagiatores*, wörtlich eigentlich «Menschenräuber» oder «Sklavenhändler». Doch das Abschreiben war üblich in der Antike. Deren frühe Literatur entstand ja, weil alte Überlieferungen immer wieder nacherzählt wurden. Als die Autoren ihre ganz eigenen Stoffe schufen, konnten sie sich nicht mehr gegen die «Menschenräuber» wehren. Es war üblich geworden und Rom kannte kein Copyright, nur einen abfälligen Begriff für Ideenklau: *furtum*.
Das Aneignen fremden geistigen Eigentums wurde erst im 19. Jahrhundert strafbar; dass dieser Straftatbestand «Plagiat» genannt wurde, haben wir wohl einem unbekannten Liebhaber der Klage Martials über die *plagiatores* zu verdanken.

Reichtum soll siegen, und hinter dem Tribun, dem hohen Beamten soll nicht zurückstehen, wer noch unlängst mit geweißten Füßen in diese Stadt gekommen ist.» Eine äußerst unfeine Bemerkung Juvenals. Es galt als gesellschaftlicher Fauxpas, einen Freigelassenen so derb an seine Zeit als Sklave zu erinnern. Denn die «geweißten Füße» sind ein Hinweis auf die Angewohnheit der Händler, Sklaven von «minderer Güte» nicht in einem Laden, sondern auf einem im Freien aufgestellten Holzgerüst auszustellen und ihnen die Füße mit Kreide zu bestreichen.

Noch ätzender macht sich Petronius in seinem Roman *Satyrikon* über das protzig-neureiche Gehabe eines Freigelassenen namens Trimalchio und seiner Tischgesellschaft lustig. Stolz erzählt Trimalchio, wie er als Sklave mit nichts angefangen hat, Lustknabe seiner Herrschaft war, und schließlich nach seiner Freilassung mit allerlei Export-Import-Geschäften zu einem Vermögen von 30 Millionen Sesterzen, zu riesigem Landbesitz und zahlreichen Villen in der Bucht von Neapel, dem Monaco des Römischen Reiches, kommt. Aber er hat natürlich nichts vom Savoir-vivre der wahren römischen Oberschicht, die zwar auch Geld wie Heu haben mochte, doch Eleganz ganz eindeutig schnöder Protzerei vorzog. Trimalchio will mit seinen Gästen, meist ebenfalls Freigelassenen, gelehrte Gespräche führen – und quatscht in vulgärem Latein doch nur Unsinn über das Glück, die Weisheit der Astrologie und die Vor- und Nachteile der Bildung – als besäße er nur einen Funken davon. An jedem seiner dicken Finger glänzen Goldringe, selbst sein rechter Arm ist «verziert mit einem goldenen Armband und einem Reif aus Elfenbein». Der kahl geschorene, gedrungene Gastgeber steckt von Kopf bis Fuß in einem Purpurgewand, stochert mit einem silbernen Zahnstocher im Mund herum und lässt sich von einem Sklaven ein Spielbrett aus Terpentinholz mit Würfeln aus Kristall und statt weißer und schwarzer Steine Gold- und Silbermünzen hinterhertragen. Seine Sklaven kommen zu Musikbegleitung tanzend in den Saal gehüpft – eine selbst für Rom höchst alberne Vorstellung – und servieren unter anderem mit Wachteln gefüllte Wildschweine und den edelsten aller Weine, einen hundertjährigen Falerner. Und das, welche Geschmacklosigkeit, auch noch unvermischt. Worauf sich Trimalchio inspiriert fühlt, folgende Platitüde anzubringen: «Oh weh, so hat denn der Wein ein längeres Leben als ein Menschlein. Na, dann wollen wir uns mal einen ansaufen.» Für die wirklich vornehmen Römer war das, als würde heute ein Neureicher seine Gäste zu einem Champagnerbad einladen, eine Bibliothek vorführen, in deren Regalen zwar ledergebundene Buchrücken mit den Titeln aller Klassiker glänzen, hinter denen sich aber Videokassetten verbergen, und obendrein mit goldenen Armaturen im Gästeklo protzen.

Petronius war ein amüsanter Snob und so etwas wie der Imageberater Kaiser Neros. Er galt als *arbiter elegantiae*, ein «Schiedsrichter des guten Geschmacks». Was er guthieß, war in den besseren Kreisen en vogue. Rom muss sich vor Lachen auf die Schenkel geschlagen haben, als er seine Satire auf diesen Freigelassenen Trimalchio veröffentlichte, diesen Möchtegern-Vornehmen, der gepflegten Reichtum vorführen will und doch nur seine Proletenhaftigkeit zur Schau stellt. Und manch einer seiner Leser mag sich gedacht haben, dass das Benehmen am Hof des dekadenten Kaisers Nero, der in seinem *domus aurea*, dem goldenen Haus, Rosenblätter von der Decke rieseln ließ und das gesamte Gebäude mit Gold, Edelsteinen und Perlmutt ausstattete, nicht so anders war als das Benehmen eines gesellschaftlichen Außenseiters wie Trimalchio.

Wie römische Landratten eine Seeschlacht gewannen

Die Worte fielen wie beiläufig am Ende einer langen Sitzung des Senats im Jahr 146 vor Christus. Cato, ein ehemaliger Konsul und einflussreicher Senator, sprach sie aus: *Ceterum censeo Carthaginem esse delendam.* – «Im Übrigen bin ich dafür, dass man Karthago dem Erdboden gleichmacht.» Das war das Ende der einstmals mächtigsten Handelsmetropole der Antike.

Die Punier, wie die Römer ihre Erzfeinde nannten, kamen ursprünglich aus Phönizien, was in etwa dem heutigen Staatsgebiet des Libanon entspricht. Sie waren eine Nation von Händlern und Seefahrern. Irgendwann in der Eisenzeit, etwa im 8. Jahrhundert vor Christus, gründeten Phönizier aus der Stadt Tyros an der östlichen Mittelmeerküste eine Siedlung an der nordafrikanischen Küste, unweit des heutigen Tunis, und nannten sie schlicht Quart-Chadascht – «neue Stadt». In der lateinischen Umschrift: Karthago. Die Punier waren meisterhafte Schiffsingenieure und Seeleute. Einer der karthagischen Kapitäne soll sogar bis zur Küste Westafrikas gesegelt sein, um dort neue Handelsrouten zu erschließen. Sie gründeten Kolonien in Nordafrika, Spanien und Sizilien. Das sollte Karthago in einen Konflikt auf Leben und Tod um die Vorherrschaft über das Mittelmeer mit einer neuen, aufsteigenden Macht bringen: Rom.

Der erste der drei Punischen Kriege brach im 3. Jahrhundert vor Christus aus – diesmal ging es um Sizilien. Rom war ebenfalls expandiert, es hatte Stück für Stück das italische Umland erobert und fühlte sich stark genug, es mit der Konkurrentin aufzunehmen. Die Karthager fanden den römischen Ehrgeiz wahrscheinlich eher lächerlich. Man müsste die Römer nur zu einer Seeschlacht zwingen. Denn solche Landratten wie die Römer könnten es wohl kaum mit der karthagischen Flotte aufnehmen.

Rom nahm die Herausforderung an. Und ein Glücksfall kam ihm zu Hilfe. Eines der Schiffe der Karthager hatte Schiffbruch erlitten und wurde an die Küste Italiens gespült. Der römische Senat ließ sofort Schreiner zur Fundstelle bringen und die Konstruktion des Schiffes genau studieren. Danach bauten die Römer in kürzester Zeit über hundert Kriegsschiffe nach phönizischem Modell. Mit einer entscheidenden Verbesserung. Sie konstruierten eine Enterbrücke, die an das feindliche Schiff angelegt werden konnte. So konnten sie das Schiff des Gegners stürmen und die gleiche Kampftechnik wie auf festem Boden verwenden. Die Römer gewannen und nahmen Karthago die beiden reichen Provinzen Sizilien und Sardinien ab.

Lange hielt der Frieden nicht. Nur zwanzig Jahre nach dem für die Karthager vernichtenden Vertrag, zu dem sie die Römer gezwungen hatten, holten sie zum Gegenschlag aus. Karthagos Generalstabschef Hannibal änderte diesmal seine Taktik: Er griff Rom vom Land aus an. Er verfügte nicht nur über eine riesige Armee, sondern auch über eine Geheimwaffe: Kriegselefanten. In einem beispiellos kühnen Unternehmen führte er die gesamte Truppe nach Spanien, durchquerte die Iberische Halbinsel, überschritt die Alpen und lieferte den Römern zwei vernichtende Schlachten bei Cannae und am Trasimenischen See. Zu jener Zeit, berichten römische Quellen, gab es keine römische Familie, die nicht den Tod eines Ehemannes, Vaters oder Sohnes zu beklagen hatte. Noch so ein Gemetzel konnte sich Rom nicht leisten. Man verlegte sich auf jahrelanges Geplänkel. Bis der römische Feldherr Publius Cornelius Scipio zu einer entscheidenden List griff. Er setzte mit einer Flotte nach Karthago über und schlug dort eine kleinere Einheit der Punier. Hannibal, der mit dem größten Teil der Armee noch in Italien stand, musste zurück nach Nordafrika – wo er vernichtend geschlagen wurde. Karthago wurde zu einem Abrüstungsvertrag gezwungen. Es musste einen Teil seiner Flotte vernichten und deftige Reparationen an Rom zahlen.

Entweder demütigten die Römer ihre große Gegnerin Karthago absichtlich, um eine weitere Auseinandersetzung zu provozieren.

Oder aus schierer Kurzsichtigkeit. Fünfzig Jahre später jedenfalls brach der 3. Punische Krieg aus, mit dem die Karthager die ihnen auferlegten Lasten endlich loswerden wollten. Karthago wurde ein drittes Mal vernichtend geschlagen. Dieses Mal sollte es sich nicht erholen. Wie Senator Cato es so beiläufig vorgeschlagen hatte, zerstörten Roms Legionen die nordafrikanische Stadt bis auf die Grundfesten. Um ganz sicher zu gehen, dass sich Karthago niemals wieder erholen würde, verstreuten die Römer sogar Salz auf den punischen Äckern, um sie für Generationen unfruchtbar zu machen. Und verkauften die punische Bevölkerung in die römische Sklaverei.

«Sie wusste geschickter zur Laute zu singen, als es sich für eine anständige Frau ziemt.» SALLUST

DAS LEBEN DER FRAUEN

Gerechtigkeit für eine Königin

Kleopatra musste geschickt handeln. Ihr Bruder und Mitregent versuchte, ihr den Thron abspenstig zu machen. Lange würde die Schutzmacht Rom den Streitigkeiten im ägyptischen Königshaus nicht zusehen, sondern die Pharaonen einfach absetzen und das Land schlicht zur römischen Provinz erklären. Kleopatra brauchte die Hilfe eines mächtigen Mannes, der ihren Anspruch auf den Thron unterstützen und Ägypten noch ein gewisses Maß an Unabhängigkeit zugestehen würde. Ihre Wahl fiel auf Gaius Julius Caesar, der nach der letzten entscheidenden Schlacht gegen seinen Widersacher Pompejus gerade in Ägyptens Hauptstadt Alexandria gelandet war. In einen Teppich gewickelt ließ sich die gerade 21-Jährige mit der – laut zeitgenössischen Darstellungen – etwas zu großen gebogenen Nase und den schmalen Lippen heimlich ins Zelt des Feldherrn bringen. Caesar, der 53-jährige Frauenheld, schreibt der griechische Biograph Plutarch, war hingerissen von «ihrem kecken Einfallsreichtum und ihrer gewinnenden Art im Umgang mit Menschen». Kleopatras Plan ging auf: Caesar setzte sie gegen ihren Bruder durch. Mehr noch: Anstatt sich in diesem entscheidenden Moment seiner politischen Karriere um die Befestigung seiner eigenen Macht in Rom zu kümmern, begab er sich mit der jungen Königin auf eine dreimonatige Nilreise.

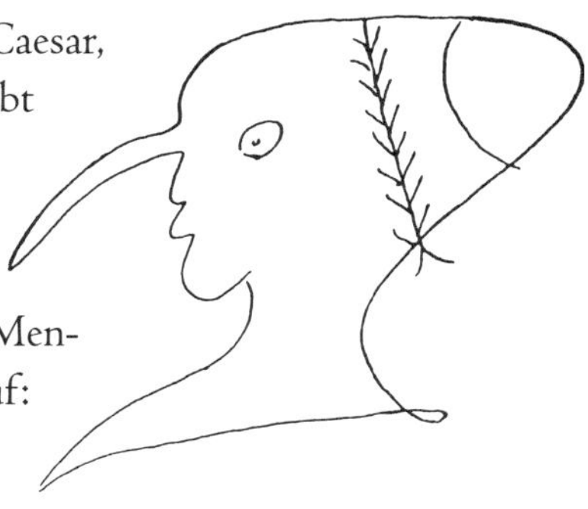

Im Jahr darauf brachte Kleopatra einen Sohn zur Welt, den sie Caesarion, den «kleinen Caesar», nannte.

Rom zerriss sich das Maul über die Affäre des Diktators mit der Ägypterin; immerhin, Caesar war mit einer achtbaren Römerin verheiratet. Die feine Gesellschaft gab sich entsetzt, als Kleopatra es wagte, mit ihrem gesamten Hofstaat nach Rom zu kommen. Aber alle drängelten sich um Einladungen zu den luxuriösen Empfängen, bei denen ausgefallene Spezialitäten serviert wurden und mit durchsichtigen Schleiern bekleidete Sklavinnen erotische Tänze aufführten. Kleopatra war Stadtgespräch. Sie bediente die Phantasie der Römer. Man war schockiert über ihre Verruchtheit, aber auch fasziniert von ihrer Kühnheit und verzaubert von ihrem Charme. In manchen reichen römischen Häusern wurden später Porträts der ägyptischen Königin entdeckt. Eine verhängnisvolle Hassliebe zwischen dem nüchternen Rom und der exotischen Orientalin begann.

Nach Caesars Ermordung floh Kleopatra zurück nach Alexandria. Ihre Bemühungen waren vergebens gewesen. Denn Caesars Erben, der junge Octavian, der sich später Augustus nennen sollte, und Marcus Antonius, verwickelten sich in neue, immer verbissener geführte Auseinandersetzungen. Wieder musste Kleopatra fürchten, zum Spielball der streitenden Mächte Roms zu werden. Und wieder setzte sie alles auf einen Karte: Sie wollte Marcus Antonius für sich gewinnen, den Mann, der den Osten des Reiches beherrschte. Sie beschloss, ihm einen Empfang zu bereiten, den er niemals vergessen würde – nicht in ihrem Palast, sondern auf der königlichen Yacht. «Geschmückt wie die Liebesgöttin Aphrodite», so berichtet Plutarch, «ruhte sie auf einer prachtvollen Barke, die den Cydnusfluss hinabfuhr, Knaben fächelten ihr Kühlung zu und schlanke Dienerinnen bedienten das seidene Tauwerk und die silbernen Ruder des Schiffes.» Der Aufwand zeigte Wirkung. Marcus Antonius verliebte sich unsterblich in Kleopatra. Er trennte sich von seiner dritten Ehefrau Octavia, der Schwester seines Gegners Octavian / Augustus, heiratete Kleopatra und zeugte drei Kinder mit ihr. Er kehrte kaum mehr nach Rom zurück, wo ihn Octavian inzwischen aller Ämter enthoben hatte, sondern ließ sich in Alexandria als neuer König des östlichen Reiches feiern.

Doch damit nicht genug. In einem pompösen Zeremoniell ließ Marcus Antonius seine Kinder zu Regenten über Teile des römischen Imperiums erklären: «Er saß mit Kleopatra auf einem silbernen Podest auf goldenen Thronen, ihre drei Kinder und Caesars Sohn Caesarion zu ihren Füßen. Sie geschmückt wie die Göttin Isis und er als römischer Imperator in goldener Rüstung und Purpurtoga», heißt es bei Plutarch. Kleopatra, so verkündete ein Herold, sei von nun an «Königin der Könige», ihr Sohn Caesarion Mitregent. Der zweijährige gemeinsame Sohn Ptolemaios Philadelphos wurde zum «König Syriens» ernannt, der sechsjährige Alexander Helios zum «König Armeniens, Mediens und allen Gebietes jenseits des Euphrat» – Land, das allerdings erst noch von den feindlichen Parthern erobert werden musste. Alexanders Zwillingsschwester Kleopatra Selene wurde Königin der nordafrikanischen Provinz Kyrene.

Viele prominente Persönlichkeiten der Antike wären ohne Plutarch sicher viel farbloser geblieben. Dem Historiker, der etwa 46 n. Chr. in dem griechischen Ort Chaironeia geboren wurde, ging es vor allem um die Beschreibung der Charaktere. Am liebsten überlieferte Plutarch Anekdoten, die wahrscheinlich aussagekräftiger sind als Heldentaten. Rom besuchte er nur wenige Male, was nicht bedeutet, dass er aus der Abgeschiedenheit der Provinz berichtete. Er war Mittelpunkt eines Kreises Intellektueller und betrieb für seine Doppelbiographien, in denen er jeweils einen berühmten Griechen und einen Römer nebeneinander stellte, akribische Recherchen. Plutarch starb 125 n. Chr.

Kunde von Marcus Antonius' Verhalten drang auch nach Rom. Augustus schäumte vor Wut über Marcus Antonius' arrogante Aufteilung des Römischen Reiches zugunsten seiner eigenen Kinder. Langsam wurde der Mann zum Skandal, selbst für dessen eigene Anhänger. Man kann sich die hitzigen Gespräche in den Tavernen Roms und den Feldlagern der Legionäre vorstellen: Vielleicht war Marcus Antonius übergeschnappt, vielleicht hatte die ägyptische Königin ihm einen Liebestrank verabreicht oder einen Zauberbann über ihn verhängt. Womöglich brachte er es fertig, die Hauptstadt des Römischen Reiches nach Alexandria zu verlegen, wenn er den Bürgerkrieg gewinnen sollte. Und das Imperium, noch immer eine Republik, zu einer orientalischen Monarchie zu machen. Während Marcus Antonius mit seiner Kleopatra eine verschwenderische Dinnerparty nach der anderen gab, während er sich nachts verkleidet mit ihr durch die Straßen Alexandrias trieb und sich als Dionysus, der Gott des Rausches, feiern ließ, desertierten immer mehr seiner Soldaten. Das Paar scheiterte grandios. Marcus Antonius verlor die entscheidende Schlacht gegen Octavian und beging Selbstmord. Kleopatra brachte sich selbst durch den Biss einer Giftschlange um.

Die ägyptische Königin war nicht nur eine hinreißende Frau und geübte Verführerin. Griechische Geschichtsschreiber schildern sie als hoch intelligent, ungemein willensstark und umfassend gebildet. Sie war eine brillante und zugleich tragische Herrscherin, die mit allen Mittel ihren Thron verteidigte und Ägypten den alten Glanz wiedergeben wollte. Die eine Machtpolitik betrieb, die genauso gerissen wie die der Männer ihrer Zeit war. Für Augustus aber verkörperte sie alle Eigenschaften, die er an Frauen hasste. Er bezeichnete sie als das «fatale Monstrum», die «Hexe vom Nil». Konservative Römer wie er hatten eine klare Idee, wo der Platz der Frau sein sollte: «Gibt es denn etwas Besseres als ein Weib, rein, häuslich, wirtschaftlich, eine Erzieherin der Kinder, einen Menschen, der euch in gesunden Tagen erfreut, in Zeiten der Krankheit pflegt, euer Glück teilt und euch im Unglück tröstet?», überliefert der römische Geschichtsschreiber Cassius Dio eine Werberede des Augustus für den Segen der Ehe. In der Endzeit der *res publica*, mit ihren Bürgerkriegen und der Untergangsstimmung, die sich in der Hauptstadt breit gemacht hatte, war die römische Gesellschaft dekadent geworden. Die Sitten waren lose und die Weiber eindeutig zu frech. Augustus, der behutsam die Monarchie einführte, das Imperium befriedete und zu einer Art Biedermeier-Imperator wurde, verstand sich als Erneuerer des *mos majorum*, der Sitten der Vorväter.

Welche Ideale die römische Frau zu erfüllen hatte, ist an vielen Inschriften auf den Grabsteinen römischer Frauen erkennbar: «Sie war nicht streitsüchtig», heißt es oft lobend. «Sie war keusch, umgänglich und gehorsam». Oder als höchstes Gütesiegel: *Domum servavit, lanam fecit* – «Sie hat das Haus gehütet und Wolle gesponnen». So wie bis in unser letztes Jahrhundert hinein jene Frauen als vorbildlich galten, die sich nicht in die Politik einmischten, sondern Topflappen häkelten oder Socken für ihre Männer strickten, galt auch für die Römer ein längst überkommenes Ideal: die Ehefrau, die gewissenhaft dem Haushalt vorstand und sich mit Handarbeiten beschäftigte. Selbst wenn es schon längst kleine Stofffabriken gab. Augustus selbst schickte die weiblichen Mitglieder seines Hofes an Spinnrad und Webstuhl und trug dann stolz die handgewebten Togen seiner Frau Livia und seiner Tochter Julia.

Füße abtreten!
Wasche und trockne die Füße des Gastes, ein Handtuch schütze das Kissen, und bitte schont unsere Wäsche.
Entferne den unkeuschen Blick und mache den Frauen anderer keine schönen Augen!
Wenn es möglich ist, enthalte dich des Zorns und der Lästereien. Wenn nicht, dann geh nach Hause!
(Warntafeln aus dem «Haus des Moralisten» in Pompeji)

Die ersten Gesetze, die Augustus nach der Befestigung seiner Herrschaft erließ, sollten endlich wieder Moral herstellen. Fortan wurden Frauen, die Ehebruch begingen, mit Verbannung und der Beschlagnahme der Hälfte ihrer Mitgift bestraft. Junge Römerinnen, die sich mit zwanzig Jahren noch weigerten zu heiraten, hatten eine Geldbuße zu entrichten. Paare hingegen, die mindestens drei Kinder in die Welt setzten, belohnte Augustus mit Privilegien. Und er sorgte dafür, dass Kleopatra nicht mehr länger die Phantasie der Römer und Römerinnen beschäftigte. In einem beispiellosen Propagandafeldzug ließ er von seinen Hofberichterstattern jegliche positive Erinnerung an die ägyptische Königin auslöschen. Berichtet wurde von einer ebenso skrupellosen wie lasterhaften Luxusbiene, die täglich in Eselsmilch badete, Lidschatten aus gemahlenem Lapislazuli trug und mit ihrer exotischen Sinnlichkeit die Hirne der besten Männer Roms vernebelt hatte. Von Kleopatra, der Königin, die mehrere Sprachen beherrschte und selbst mit verwaltungstechnischen Einzelheiten wohl vertraut war, erzählten römische Geschichtsschreiber nichts.

Ein Leben mit Vormund

Die gängige Auffassung der Römer war: Das weibliche Geschlecht ist schwach und der Charakter der Frauen wankelmütig. Also mussten Frauen vor sich selbst beschützt und wie unmündige Kinder behandelt werden. Keine Römerin war nach dem Gesetz frei. Sie unterstand der *potestas* des *pater familiae,* der Vormundschaft des männlichen Familienoberhauptes, also ihres Vaters, Onkels oder Bruders. Ohne dessen formelles Einverständnis konnte sie keinen Vertrag unterschreiben, kein Geschäft tätigen und keine Reise unternehmen. Dass sie weder wählen noch ein Staatsamt bekleiden durfte, verstand sich von selbst. Im Testament eines *pater familiae* – eine unerhört wichtige Angelegenheit für Römer – durften Söhne, Töchter und Ehefrauen bedacht werden. Aber Frauen durften nur Erbschaften bis zu einer gewissen Summe annehmen, selbst keine Testamente verfassen und ihren Töchtern nichts vererben. Nach dem Gesetz hatten sie genau wie ihr Ehemann die Möglichkeit, eine Scheidung zu beantragen – doch taten sie es, konnten sie sicher sein, gesellschaftlich geächtet zu werden. Im Falle eines Vergehens war nicht die römische Justiz für sie zuständig, sondern ihr Vormund, der sogar das Recht über Leben und Tod für sich beanspruchen konnte. Plinius der Naturforscher berichtet von einer Frau, die von ihren männlichen Verwandten dazu gezwungen wurde, sich zu Tode zu hungern, weil sie den Schlüssel zum Weinkeller gestohlen hatte. Es muss sich um eine extrem rückständige Familie gehandelt haben, die tatsächlich noch der altrömischen Auffassung war, dass der Genuss von Wein automatisch zu «leichtsinnigem Verhalten» führe – womit im allgemeinen Ehebruch gemeint war.

Zwar unterstanden auch die Söhne der *potestas* des *pater familiae.* Nur erlangten diese nach dem Tod des Vaters völlige Unabhängigkeit und wurden als Gründer einer neuen Familie selbst *pater familiae.* Frauen hatten nur eine Wahlmöglichkeit: Sie konnten nach der Heirat per Vertrag – *per manu* – buchstäblich in die Hand des Ehemannes übergehen und fortan der Aufsicht des Ehemannes unterstehen. Oder sie blieben rechtlich in der Obhut des Vaters. Starb der Vater, wurden sie der Vormundschaft des nächsten männlichen Verwandten anvertraut – ganz so, wie es in manchen orientalischen Ländern heute noch üblich ist. Die meisten Römerinnen entschieden sich wohl dafür, unter der *potestas* des Vaters zu bleiben, denn das gab ihnen wesentlich mehr Freiraum. Ihr Vater und Vormund nahm ja nach der Hochzeit und dem Umzug der frisch gebackenen Ehefrau in das Haus ihres Mannes nicht mehr am täglichen Leben teil. Er konnte nicht mit Argusaugen das Benehmen seiner Tochter beobachten. Dafür aber durfte er eingreifen, sollte seine Tochter von ihrem Ehemann schlecht behandelt werden. In Ehekrisen also kehrte die Frau nicht mit gepackten Koffern zu ihrer Mutter, sondern zu ihrem Vater zurück, der sogar das Recht besaß, die Ehe aufzulösen.

Geheiratet wurde in der römischen Oberschicht ohnehin weniger aus Liebe denn aus politischen Erwägungen, genau wie früher zwischen den Angehörigen des europäischen Hochadels. Eine einflussreiche Familie versuchte sich mit einer anderen einflussreichen Familie zu verbandeln, um neue Koalitionen zu schmieden. Zerstritten sich die Clans, wurde eben geschieden und neu verheiratet. Der so sittenstrenge Augustus war geradezu ein Meister der politischen Heirat. Er brach seine Verlobung mit Servilia, um sich mit Clodia, der Stieftochter des Marcus Antonius, zu verloben, denn er brauchte vorerst ein Bündnis mit seinem Rivalen. Als sich der Streit zwischen beiden schon abzeichnete, verheiratete er seine Schwester

Octavia an Marcus Antonius und versuchte sie wiederum zur Scheidung zu zwingen, als er sich endgültig mit Marcus Antonius überwarf. Octavia weigerte sich und nahm nach Marcus Antonius' Tod sogar die Kinder bei sich auf, die er mit Kleopatra hatte. Von Clodia, der Stieftochter von Marcus Antonius, trennte sich Augustus, um als Versöhnungsangebot an seinen innenpolitischen Gegner Sextus Pompejus dessen Verwandte Scribonia zu heiraten. Von Scribonia ließ er sich scheiden, als er Livia kennen lernte. Er heiratete sie, obwohl sie (offiziell) von einem anderen Mann schwanger war, und lebte mit ihr über vierzig Jahre zusammen. Livias Sohn aus erster Ehe, Tiberius, wurde von Augustus adoptiert und dessen Nachfolger auf dem Thron.

Blaustrümpfe und gebildete Zuckerpüppchen

Begnügten sich die römischen Frauen mit der Position des Heimchens am Herd? Nicht die Frauen der Oberschicht. Anders als ihre griechischen Geschlechtsgenossinnen, die «sich in die dunkelste Ecke ihres Hauses verkrochen», wie Cornelius Nepos berichtet, begleiteten die Römerinnen ihre Männer auf Gastmähler und ins Theater. Sie besuchten die Bäder und die Gladiatorenkämpfe, wenn sie auch in die obersten Reihen des Kolosseums verbannt wurden. Sie genossen zwar nicht die gleiche Ausbildung wie ihre Brüder, denn schließlich wurden die Frauen oft schon mit zwölf oder dreizehn Jahren verheiratet. Aber Bildung, glaubten viele Römer, konnte dem weiblichen Geschlecht nicht schaden. Einige reiche Römerinnen schrieben viel beachtete Gedichte, wie Sulpicia, eine Zeitgenossin des Satirikers Martial, oder führten literarische Salons. Der Redner und Pädagoge Quintilian war der Ansicht, dass eine gute Ausbildung beider Elternteile nur dem Wohl der Kinder dienen konnte.

Plinius der Jüngere zeigte sich ganz entzückt darüber, dass seine Ehefrau seine Schriften auswendig lernte, seine Gedichte vertonte und gar zur Lyra sang, obwohl sie «gar nicht dazu ausgebildet war». Aus seinen lobenden Briefen über die so talentierte Gattin geht allerdings weniger aufrechte Zuneigung zu seiner Ehefrau Calpurnia hervor, die er geheiratet hatte, als er schon ein Mann in den besten Jahren und Calpurnia noch ein halbes Kind war. Eher fühlte er sich geschmeichelt von der Aufmerksamkeit seiner Frau, die wohl mehr die Rolle eines putzigen Zieräffchens als die einer Partnerin mit eigenständigen Gedanken einnahm.

Zu viel Bildung konnte schließlich auch negative Folgen zeitigen. Juvenal, der eine der frauenfeindlichsten Satiren des Altertums schrieb, mochte sich gar nicht genug über die Blaustrümpfe aufregen, die bei Gastmählern mit ihrem Wissen auftrumpften. «Noch schlimmer ist eine, die, kaum dass man Platz genommen hat, Vergleiche zwischen Dichtern zieht und Vergil gegen Homer in die Waagschale wirft. Die Fachleute, Lehrer der Literatur und der Rhetorik, müssen zurücktreten. Kein Advokat, kein Auktionator, ja selbst kein anderes Weib wagt zu sprechen. So laut ist ihr Wortschwall, als wär's tönendes Erz und klingende Schelle.»

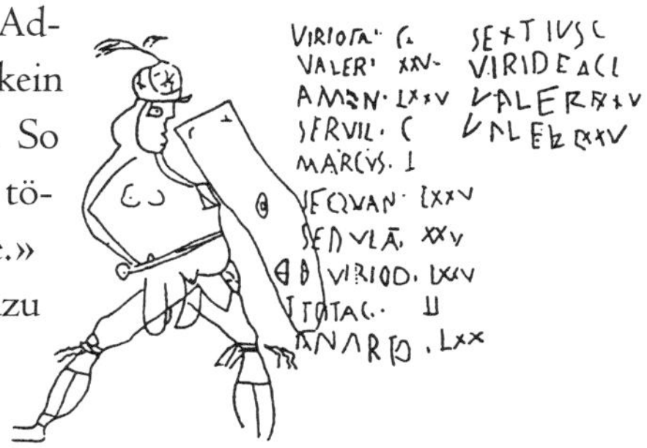

Gebildete Frauen, die noch dazu selbstbewusst auftraten oder sich womöglich politisch betätigten, waren schnell als Mannweiber verschrien. Im 1. Jahrhundert vor Christus wagte es eine Maesia Sentia, sich gegen eine in den Quellen nicht näher bezeichnete Anklage mit einer öffentlichen Rede zur Wehr zu setzen. Kaum hatte der Chronist dieses außergewöhnliche Ereignis geschildert, bezeichnete er sie als androgyn. Fulvia, die zweite Ehefrau des Marcus Antonius und selbst dreimal mit einflussreichen Politikern der späten römischen Republik verheiratet, unterstützte öffentlich ihren Mann Catilina, als er der Verschwörung gegen den Staat angeklagt wurde. Plutarch beschreibt die resolute Frau als «hasserfüllt. Das einzig

Weibliche an ihr ist ihr Körper». Sempronia, die wie Fulvia in der späten römischen Republik lebte und zu den Anhängerinnen des «Staatsfeindes Catilina» zählte, kam in der «Römischen Geschichte» des Historikers Sallust ebenfalls nicht sehr gut weg: «Sie hatte schon viele Schandtaten mit oft männlicher Verwegenheit begangen» – womit Sallust wohl ihr politisches Engagement und ihre Affären meinte. «Mit griechischer und lateinischer Literatur war Sempronia wohl vertraut, und sie wusste geschickter zur Laute zu singen, als es sich für eine anständige Frau ziemt. Von jeher war ihr alles lieber als Zucht und Anstand. Ob sie ihr Geld oder ihren Ruf weniger schonte, hätte man schwer entscheiden können.»

Gesetzeslücken und andere Raffinessen

Roms Männer waren viel zu oft abwesend – im Krieg, auf ausgedehnten Geschäftsreisen oder als Verwaltungsbeamte in fernen Provinzen –, um ihre Frauen dauerhaft kontrollieren zu können. In einer römischen Familie der Oberschicht übernahmen zwar Sklaven die Hausarbeiten, putzten, wuschen die Wäsche, kochten das Essen und hüteten die Kinder. Der Herrin blieb es vorbehalten, für den reibungslosen Ablauf von Gastmählern und Empfängen zu sorgen. Aber ein reicher Haushalt war fast wie ein kleines Staatswesen, in dem für Dutzende oder gar Hunderte von Sklaven feste Arbeitspläne zu organisieren, in dem Streitereien zu schlichten und die Haushaltsbücher zu führen waren. So mussten die römischen Oberschichtmatronen in Abwesenheit ihrer Männer Eigenständigkeit entwickeln. Und sie fanden Mittel und Wege, viele Einschränkungen zu umgehen, die ihnen das Gesetz auferlegte.

Sie durften nicht selbständig Geschäfte machen? In den römischen Quellen werden uns Beispiele von Frauen überliefert, die durchaus über ein großes Vermögen verfügten. Es stammte meist aus der üppigen Mitgift eines wohlhabenden Vaters, die vom Ehemann nicht angetastet werden durfte. Oder aus Erbschaften und sogar eigenen wirtschaftlichen Unternehmungen, die sie vermutlich mit Hilfe von Strohmännern tätigten. Gesetzeslücken waren immer zu finden: Frauen konnten beim Stadtrichter, dem *praetor,* einen neuen Vormund beantragen, wenn sie bewiesen, dass der bisherige nichts taugte. Vermutlich standen gegen ein kleines Entgeld Vormünder zur Verfügung, die sich wenig in die Angelegenheiten ihrer Mündel einmischten.

Die Kaiser wollten, dass Römerinnen viele Kinder bekamen, damit genügend junge Männer zur Eroberung, Befestigung und Verwaltung des Reiches vorhanden wären? Römische Frauen waren mit einigen Verhütungsmethoden – zu denen auch Abtreibungen durch erfahrene Hebammen gehörten – wohl vertraut. Eine Oberschichtfamilie hatte meist nicht mehr als zwei Kinder. Deshalb mussten römische Herrscher immer wieder Belohnungen und rechtliche Privilegien für Paare mit drei oder mehr Kindern ausschreiben.

Ehebruch war nach dem Gesetz strafbar? Selbst die Frauen des Kaiserhauses hielten sich nicht daran. Messalina, Gemahlin des etwas tatterigen Kaisers Claudius und eine der berüchtigsten Skandalnudeln Roms, führte vor aller Augen sogar eine Doppelehe mit dem Kommandanten der kaiserlichen Leibgarde. Roms Literatur ist voll von Klatsch über Affären; in Theaterkomödien machen sich Autoren über gehörnte Ehemänner und über Softies lustig, die unter dem Pantoffel einer zänkischen Frau stehen.

«Was ist das für ein Mensch, der sich in flagranti beim Ehebruch erwischen lässt?», fragte der Anwalt Pontidius in einer Gerichtsverhandlung. Unter schallendem Gelächter antwortete Cicero: «Ein langsamer!» (Cicero)

Männer arrangierten für Frauen standesgemäße Ehen? Manche Frauen ergriffen selbst die Initiative, um ihren Familien Vorteile zu verschaffen. Plutarch erzählt jedenfalls von einer Patrizierin namens Valeria, die ihren Charme bei Sulla, einem mächtigen, diktatorischen Politiker, wohl einzusetzen wusste. Sie sah ihn bei Gladiatorenkämpfen im Kolosseum, und «als sie hinter seinem Rücken vorbeiging, zupfte sie ein

Flöckchen Wolle aus seiner Toga und ging dann weiter zu ihrem Platz. Als sich Sulla, der sich selbst den Beinamen ‹der Glückliche› gegeben hatte, erstaunt umsah, sagte sie: ‹Nichts Böses, Imperator, ich wollte nur ein bisschen von deinem Glück abbekommen.› Das hörte Sulla gern. Man merkte sofort, dass er Feuer gefangen hatte, denn er erkundigte sich umgehend nach ihrem Namen, ihrer Familie und ihrem Lebenswandel. Darauf zwinkerten sie beständig hin und her, drehten sich nacheinander um und lächelten sich an. Schließlich kam es bald zur Verlobung und Heirat.» Von da an war Valerias Familie vor politischen Verfolgungen geschützt.

«Nur» ein Mädchen

Wie aber erging es den Frauen, die in den Geschichtsbüchern keine Erwähnung fanden? Den zahlreichen Müttern, Ehefrauen und Töchtern ohne Vermögen und den Schutz einer einflussreichen Familie? Den Frauen der Unterschicht oder gar den Sklavinnen und Freigelassenen? Was wir von deren Leben wissen, müssen wir zunächst aus ihrem Tod lernen. Oder besser: aus dem, was nach ihrem Tod oft fehlte. Forschern fiel auf, dass es wesentlich mehr Männer- als Frauengräber gab. Vielleicht, spekulierten einige, war es unüblich, Frauen ein Denkmal zu setzten, zumal das eine kostspielige Angelegenheit war. Die Hälfte der römischen Bevölkerung wäre somit sang- und klanglos untergegangen – von den wenigen Ausnahmen abgesehen, die berühmt oder berüchtigt genug waren, in unseren Quellen erwähnt zu werden. Wenn Römer aber aus Prinzip ihren Frauen keine Grabsteine gesetzt hätten, dann hätte es noch viel weniger Frauengräber geben müssen. Das Rätsel, glaubt wiederum die neuere Forschung, ist einfacher zu lösen: Schon beim Historiker Cassius Dio ist ein Hinweis auf einen Männerüberschuss zu finden. Wahrscheinlich waren Frauen, trotz der vielen Kriege, in denen ja Männer getötet wurden, weit in der Minderzahl.

Aus einer auf den ersten Blick recht trockenen Feststellung lassen sich eine Reihe von Rückschlüssen auf das Leben der Frauen aus der römischen Unterschicht ziehen: Frauen hatten eine wesentlich geringere Lebenserwartung als Männer. In den ärmsten Familien wurden Mädchen schlechter ernährt als ihre männlichen Geschwister, ihr Gesundheitszustand war dementsprechend viel fragiler. Sie wurden früh verheiratet und bekamen oft im Teenageralter schon Kinder. Viele ganz junge Frauen starben bei der Geburt oder waren so geschwächt, dass sie eine Geburt nicht lange überlebten.

Und mancher weibliche Nachwuchs schaffte es oft gar nicht bis in ein Alter, in dem ihm irgendjemand ein Denkmal gesetzt hätte. Familien der Unterschicht, die sich teure Hebammen und Abtreibungen nicht leisten konnten, griffen zu einem barbarisch anmutenden Brauch der Geburtenkontrolle, der bis heute in manchen ländlichen Gegenden Chinas praktiziert wird. Sie töteten weibliche Neugeborene, denn Jungen galten in der Kriegernation Rom als wertvoller. Außerdem trugen Jungen zum Unterhalt der Familie bei, weil sie härtere körperliche Arbeit bewältigen konnten. Und weil sie im Gegensatz zu den Mädchen bei der *annona,* der kostenlosen Getreideverteilung der römischen Regierung an die Armen, Anspruch auf eine Ration hatten. Die *annona* war ja schließlich dazu gedacht, Wählerstimmen zu gewinnen und eine hungrige Masse im Zaum zu halten. Frauen aber durften nicht wählen und würden wohl kaum eine Revolution anzetteln. Warum sollte eine arme Familie also ein hungriges Maul stopfen, das weder durch Arbeit noch durch Getreidespenden die Familie miternähren konnte? Manche neugeborenen Mädchen wurden einfach ausgesetzt, in Straßengräben geworfen oder vor den Stufen eines Tempels abgelegt. Die meisten starben, ganz wenige wurden von mitleidigen Seelen aufgenommen, einige von Passanten aufgesammelt und – völlig legal – an Sklavenhändler verkauft. Was unweigerlich in die Prostitution führte. Denn welcher Sklavenhändler ließ einem Mädchen schon eine teure Ausbildung zukommen, wenn es auch ohne Erziehung Geld anschaffen konnte?

Das älteste Gewerbe der Welt und andere Verdienstmöglichkeiten

Prostitution war ein weit verbreitetes, legales und steuerpflichtiges Gewerbe in der römischen Welt – und nicht einmal scheel angesehen. Ein Bordell zu unterhalten galt im Gegenteil auch für vornehme Römer als lohnende Investition. In Pompeji, einer Stadt von etwa 20000 Einwohnern, wurden gleich zwei Bordelle gefunden, erkennbar nicht nur an den Betten, mit denen jedes Zimmer ausgestattet war, sondern auch an den erotischen Wandmalereien. Und das waren noch nicht einmal die einzigen Orte, an denen die Prostitution florierte. *Mulieres, quae palam corpore facit,* Frauen, die ihren Lebensunterhalt mit dem Körper verdienten, wie der rechtliche Begriff hieß, warteten auch in den Gewölben der Zirkusarenen, der Theater, unter den Arkaden verrufener Viertel oder sogar auf Friedhöfen auf ihre Freier. Gasthäuser waren ebenfalls beliebte Arbeitsstätten für Prostituierte, denn viele Tavernen verfügten über mindestens ein Hinterzimmer. In einigen Spelunken Pompejis blieben Graffiti erhalten, die sehr direkt die Vorzüge der Wirtinnen und Kellnerinnen anpreisen: Die eine habe einen «wunderbaren Hintern». Eine andere sei schon «für zwei Asse zu haben», den Preis für einen Laib Brot.

Wahrscheinlich förderte das Angebot die Nachfrage. Vielen Frauen der Unterschicht, vor allem freigelassenen Sklavinnen, blieb nichts anderes übrig, als sich als *meretrix*, «Verdienerin», zu verdingen. Die Grenze zwischen manchen Berufen und der Prostitution war dabei fließend. Wir wissen aus den Quellen, dass es im römischen Imperium Schauspielerinnen, Sängerinnen und Tänzerinnen gab, während in griechischen Theatern auch Frauenrollen von Männern gespielt wurden. Wie im sittenstrengen und zugleich bigotten Viktorianischen England Ende des 19. Jahrhunderts haftete den Künstlerinnen – nicht ganz unberechtigt – der Ruf von Halbweltdamen an. Was einige vornehme Römer nicht davon abhielt, stadtbekannte Affären mit Schauspielerinnen anzufangen. Umgekehrt schafften es einige Schauspielerinnen, wie die berühmte Kythere zur Zeit Marc Antons, in die höchsten gesellschaftliche Kreise zu gelangen und sich «ganz nebenbei» ein beträchtliches Vermögen zu erwirtschaften.

Die Überreste eines runden Tempels sind auf dem Forum Romanum noch erhalten – sie gehörten einst zu einem Gebäudekomplex, der der einzigen weiblichen Priesterschaft Roms, den Vestalinnen, vorbehalten war. Die Priesterinnen der Göttin Vesta hatten das heilige Feuer zu hüten und bestimmte Feiern anderer Göttinnen abzuhalten. Sie wurden noch als Mädchen aus patrizischen Familien ausgesucht und mussten sich dreißig Jahre lang zur Jungfräulichkeit verpflichten. Verfehlungen oder gar ein Liebesverhältnis einer Vestalin wurden mit dem Tod bestraft.

Wir wissen aber auch, dass die Prostitution wahrlich nicht die einzige Arbeit war, der Frauen im alten Rom nachgingen. Über hundert verschiedene Berufsbezeichnungen sind uns bekannt, wobei die meisten davon bis heute typische Frauenberufe sind: Hebamme, Heilerin und Erzieherin, Friseuse und Kosmetikerin, Hausangestellte und Verkäuferin. Frauen schufteten als Näherinnen im Textilgewerbe oder stellten sich als Ammen in reichen Häusern zur Verfügung. In wenigen Ausnahmen kämpften Frauen sogar als Gladiatorinnen. Manche, und das galt durchaus als hohe Ehre, durften *vestalin*, Priesterin, werden. Aus Pompeji ist uns eine Unternehmerin namens Eumachia bekannt, die aus einer vermögenden Familie stammte, eine Ziegelei besaß und sogar Vorsitzende des Berufsvereins – *collegium* – der Walker wurde. Sie stiftete ihrem *collegium* das Vereinsgebäude, der Stadt Pompeji Kolonnaden und Säulenhallen und sich selbst eine prächtige Grabstätte.

Sollte es auch frei geborene, römische Arbeiterinnen gegeben haben, dann erfahren wir es nicht. Frauenarbeit galt als schändlich. Sie bewies ja, dass der Ehemann nicht in der Lage war, seine Familie zu ernähren. Und wenn eine brave, römische Mittelstandsehefrau schon einer bezahlten Arbeit nachgehen musste, dann hätte ihr Ehemann solch Schande kaum in einer Grabinschrift verewigen lassen.

Sklavinnen reicher Häuser wurden nach ihrer Freilassung oft gegen Lohn weiter beschäftigt, weil sie das Vertrauen ihrer Herren gewinnen konnten, oder weil sie eben zu gute Ammen, Friseusen oder Schneiderinnen waren, als dass ihre Herrschaft auf sie verzichten wollte. Aber die weniger reichen Haushalte konnten es sich nicht leisten, ihre Sklavinnen weiter zu beschäftigen. Sie stellten im besten Fall das Gros der Arbeiterinnen. Im schlimmsten Fall reihten sie sich ein in die stummen Legionen armer Frauen in den römischen Slums oder der Prostituierten auf den Straßen der Hauptstadt.

Weshalb Friseuse kein Traumberuf war

Weibliche Eitelkeit war dem alten Rom alles andere als fremd. Nach dem Aufstehen hielten es die Römerinnen zwar mit der Morgentoilette ebenso kurz wie die Männer. Wie diese schliefen sie in ihrer Unterwäsche. Die allerdings war nicht ganz ohne: Schurz und ein gebundenes Tuch als Büstenhalter (*strophium* und *mamillare*), mehrere Tuniken und im Winter sogar ein Übermantel. Am Morgen hatten die Damen also ebenfalls nur in ihre Schuhe zu schlüpfen. War keine Wanne im Hause, so wuschen sich die Römerinnen erst, wenn sie am Nachmittag die öffentlichen Bäder besuchten. Die Frauen der ärmeren Schichten dürften auch tagsüber nicht mehr als eine Tunika und im Winter einen Übermantel getragen haben. Die Damen der feinen Gesellschaft schätzten allerdings ein bisschen mehr Luxus: Sie bevorzugten feine und bunte Stoffe wie Baumwolle und Seide, die aus Indien importiert wurde. Für das Färben der Gewänder stand eine ganze Reihe von Fachleuten zur Verfügung: *purpurarii, flammarii, crocotarii* oder *violarii*, die mit Hilfe natürlicher Färbemittel wie Seifenkraut, Weinstein, Safran, Galläpfeln, Färberflechte und Purpurschnecken ihre Stoffe weiß, gelb, schwarz oder in verschiedenen Rottönen färbten.

In republikanischer Zeit trugen die Frauen ihr Haar meist mit einem Mittelscheitel geteilt und im Nacken zusammengebunden, verziert höchstens mit einem Haarband. Die Kaiserinnen, voran die verruchte Messalina, trugen allerdings aufwendige Frisuren und die weibliche High Society Roms hatte nichts Besseres zu tun, als den kaiserlichen Trendsetterinnen die Haarpracht nachzuahmen. Dabei beanspruchte die Errichtung eines solchen Haarturmes oft Stunden und stellte die Geduld der *ornatrix*, der Friseuse, genauso auf die Probe wie die der Frisierten, die das Ziepen und Zerren auszuhalten hatte. Niemand beschrieb besser als Juvenal, welchen Aufwand Römerinnen für ihre Gesichtsmasken, Frisuren und ihren Schmuck betrieben und wie ausgiebig sie sich mit zahlreichen

Schminktiegelchen – Ocker als Lippenstift, dunkelrote Weinhefe als Rouge und schwarze Asche anstelle von Kajalstiften – beschäftigen konnten:

«Nichts hält ein Weib für unangebracht, bis sie sich endlich fürs Ausgehen bereitgemacht und riesige Perlen in die ausgeweiteten Ohrläppchen gehängt hat. Ihr Gesicht ist dick gepflastert mit Brotteig und Salben a là Poppaea (der sagenhaft schönen Geliebten von Kaiser Nero). Die Lippen des armen Gatten bleiben beim Kuss an ihrer Haut kleben, aber zu ihrem Liebhaber geht sie mit gesäuberter Haut. Wann will sie schon für den Hausgebrauch hübsch sein? Für den Liebhaber trägt man das erlesenste Parfüm und kauft ein, was immer uns die mageren Inder schicken. Endlich legt sie ihr Gesicht frei, und was man erkennen kann, lässt sie mit jener warmen Milch waschen, derenthalben sie Eselinnen mit sich führt, und verbannte man sie ans Ende der Welt! Wenn sich eine mit immer neuen Schönheitsmitteln bepflastern und Umschläge machen lässt, ist das dann ein Gesicht oder nicht vielmehr ein Geschwür?

So große Mühe wird auf den Putz verwendet, mit so vielen Stockwerken türmt man die Stirnlocken der Frisur auf. Da sieht eine von vorn groß wie Andromache aus, von hinten aber wirkt sie so klein, als handle es sich nicht um dieselbe Frau. Ist sie von kleiner Gestalt, leicht von Gewicht und ohne Stöckelschuhe kleiner als ein Zwergenweibchen, dann muss sie sich auf den Zehenspitzen zum Kuss emporstrecken.

Es lohnt sich, einmal gründlich zu untersuchen, was die Frauen den ganzen Tag treiben. Sie lässt ihre Sklavinnen prügeln und schminkt sich dabei. Wenn sie dann ein Rendezvous hat und sich eleganter als sonst herrichten lassen will, arrangiert ihr die arme Friseuse Psecas (das Krümelchen) die Haare, selber mit zerrauften Haaren und entblößten Schultern. Doch nun sitzt eine Locke zu hoch! Warum denn das? Klatsch! Sofort bestraft der Ochsenziemer die Missetat! Aber was hat Psecas schon getan? Was kann sie denn dafür, wenn der Herrin heute die eigene Nase nicht gefällt?»

«Die Regierung fürchtete die Macht der Menge, das Volk hatte Achtung vor dem Senat.» PLUTARCH

DIE RÖMISCHE REPUBLIK VON IHRER GEBURT BIS ZU IHREM UNTERGANG

Von Romulus, Remus und einem ersten Brutus

Auf einem der sieben Hügel Roms, dem Palatin, unweit der Ruinen des Palastes von Kaiser Augustus, stehen die Reste einer unscheinbaren Hütte. Reiseführer behaupten, darin hätte Romulus, der sagenhafte Gründer Roms, gewohnt. Wer wirklich einmal hier hauste, kann man natürlich nicht genau sagen. Sicher ist nur, dass sie aus der frühen Eisenzeit, dem 9. oder 10. Jahrhundert vor Christus stammt. Grabungen unter dem Forum Romanum förderten ein paar Grabstätten aus dieser Zeit zutage, darunter auch Modelle der Eisenzeithütten. Wahrscheinlich waren die frühen Römer nichts weiter als eine Gruppe von Bauern, die in runden, eher zeltartigen Behausungen lebten, Kleinvieh hielten, Hülsenfrüchte anbauten und sich von Zeit zu Zeit Scharmützel mit benachbarten Stämmen lieferten. Würden Archäologen in Rom unter dem Palatin, dem Forum Romanum oder dem Kolosseum graben, dann stießen sie vermutlich auf mehr Reste aus der Frühgeschichte Roms. Doch welcher Archäologe würde schon das Kolosseum zerstören wollen, nur um Tonscherben oder Hüttenreste aus noch älterer Zeit zutage zu fördern – und damit exakt bestimmen zu können, wann und wie genau Rom entstanden ist?

Also müssen wir uns auf die Überlieferungen altrömischer Historiker und Dichter wie Livius oder Vergil verlassen, die mehr Sage als Geschichte sind. Ihnen zufolge beginnt die Geschichte Roms mit dem Fall einer anderen mächtigen Stadt. Als die Griechen nach jahrelanger Belagerung und schweren Kämpfen das in der heutigen Türkei liegende Troja erobert hatten, retteten sich nur Aeneas mit seinem Vater und seinem Sohn Ascanius aus den rauchenden Trümmern der Stadt. Nach längeren Irrwegen landete die kleine Gruppe an der Küste Nordafrikas, wo sich Dido, die schöne Königin Karthagos, in Aeneas verliebte. Er hätte Dido heiraten und es sich in ihrem Königreich bequem machen können. Doch er verließ sie, denn Aeneas, schreibt Vergil, hatte einen anderen Auftrag: Er sollte ein neues Reich gründen. Dido nahm sich aus Liebeskummer das Leben. Aeneas segelte unangefochten zur Küste Latiums in der Nähe von Ostia, heiratete Lavinia, die Tochter des dortigen Königs Latinus, und begründete eine neue Dynastie. Seine Nachkommen herrschten mehrere Generationen lang in ihrer neu gegründeten Stadt Alba Longa in den Albaner Bergen, bis es zum Konflikt zwischen den Brüdern Numitor und Amulius kam. Numitor wäre der rechtmäßige Erbe des Thrones gewesen. Doch Amulius ließ seinen Bruder ins Gefängnis stecken, riss die Herrschaft an sich und machte seine Nichte Rea Silvia, die Tochter des Numitor, zur Vestalin. Ein schlauer Trick, denn Vestalinnen sind als Priesterinnen zur Keuschheit verpflichtet. Amulius musste also keine weiteren Nachkommen seines Bruders fürchten, die ihm den Thron streitig machen konnten.

Jetzt greifen die Götter ein: Rea Silvia wurde vom Kriegsgott Mars schwanger und gebar Zwillingssöhne mit Namen Romulus und Remus. Als Amulius davon erfuhr, wollte er die Kinder töten lassen. Der von ihm beauftragte Diener aber hatte Mitleid und tötete sie nicht, sondern setzte die Zwillinge in einer Wanne auf dem Tiber aus. Als der Fluss sie an Land spülte, wurden sie von einer Wölfin

Keuschheitsvergehen der Vestalinnen bestrafte Kaiser Domitian am Anfang noch mild, wie inzwischen üblich, später aber sehr streng, nämlich «nach der Vorfahren Brauch». So ließ er denn den Schwestern Oculata und der Veronilla die Wahl der Todesart frei, während er ihre Verführer verbannte; dann aber ließ er die obere Vestalin Cornelia, die einmal frei gesprochen, dann aber aufs neue angeklagt und überführt worden war, lebendig begraben und ihren Liebhaber in aller Öffentlichkeit mit Ruten zu Tode peitschen. (Sueton)

ernährt und schließlich von einem Hirten und seiner Frau aufgenommen. Es kam, wie es kommen musste: Romulus und Remus wuchsen zu kräftigen jungen Männern heran, beseitigten ihren Großonkel Amulius, befreiten ihren Großvater Numitor und setzten ihn wieder als König ein. Warum sie nicht selbst die Nachfolge des Numitor antraten und Könige in Alba Longa wurden, ist ungewiss. Der Sage nach wollten sie ein eigenes Königreich gründen – aber wer es beherrschen sollte, darüber zerstritten sich nun auch die Zwillingsbrüder. Im Zorn erschlug Romulus den Remus. An einem 21. April des Jahres 753 vor Christus, stellte der römische Gelehrte Varro über fünf Jahrhunderte später fest, gründete Romulus die Stadt Rom. Er errichtete eine Mauer um den Palatin, berichtet Livius, opferte den Göttern, lud «die Menschen, die nun haufenweise in seine neue Stadt strömten, zu einer Versammlung und legte Rechtsnormen fest, damit sie zu einem Volkskörper zusammenwachsen konnten». Bis heute feiern die Römer den 21. April als Geburtstag ihrer Stadt.

Man kann nicht mehr feststellen, wann die Sage von Romulus und Remus entstanden ist. Wahrscheinlich wurde sie von Generation zu Generation weitererzählt. Oder auch verändert, wenn manches nicht mehr einleuchtend erschien. Livius, der in der Ära des ersten römischen Kaisers Augustus lebte, konnte seinen Zeitgenossen nur noch schwer vermitteln, dass zwei hilflose kleine Kinder von einer Wölfin genährt worden sein sollten. Für ihn wurde *lupa*, «die Wölfin», zur Metapher. Denn *lupa* war auch ein Slangwort für Prostituierte. So geriet die Frau des Hirten, die die Zwillinge aufzog, in einen schlechten Ruf. Auch hatte Livius seine Zweifel, ob der Kriegsgott Mars wirklich die Rea Silvia geschwängert hatte. Vielleicht, meinte Livius, wurde sie vergewaltigt. «Danach gab sie – sei es, weil sie es glaubte, sei es, weil es ehrenvoller erschien, wenn ein Gott der Urheber des Fehltritts war – den Mars als Vater der fragwürdigen Nachkommenschaft an.»

Wichtig ist aber: Die Sage von Romulus und Remus enthält

viele zentrale Motive und Wertvorstellungen der römischen Geschichte: Die Urväter Roms sollen ein Reich erschaffen. Rom ist, das zeigt die Geschichte von Mars als Ahnherr, eine kriegerische Nation. Sie ist durch Aeneas ursprünglich mit dem östlichen Mittelmeerraum verbunden – also hat sie auch das Recht, über dieses Gebiet zu herrschen. Der Konflikt mit Karthago, dem schlimmsten Feind Roms in dessen früher Geschichte, zeichnet sich ebenfalls in der gescheiterten Liebe zwischen Dido und Aeneas ab. Aber wichtiger noch: Romulus herrschte als König nicht allein. Der Überlieferung nach regierte er mit einem Ältestenrat, einem Senat weiser Väter – den *patres,* aus denen sich die Adelsschicht der Patrizier entwickelte. Romulus also soll schon den Kern der späteren *res publica,* der römischen Republik, gelegt haben, als er sich zu einem Beratungssystem entschloss, in dem der König seine Entscheidungen zusammen mit einer Elite weiser Männer traf.

Eine Lichtgestalt war der Brudermörder Romulus trotzdem nicht. Im Alter zeigte er reichliche Charakterschwächen: Er wurde tyrannisch, schreiben die römischen Dichter. Er legte sich eine Leibwache zu, wohl weil er sich vor seinen Untertanen fürchtete. Sein Tod ist rätselhaft. Er sei bei der Musterung des Heeres während eines starken Gewitters in einer Wolke entschwunden, heißt es bei wohlwollenden Dichtern. Die ebenfalls versammelten Senatoren, so eine andere Version, hätten die Finsternis genützt, Romulus getötet und seine Leiche beiseite geschafft.

Sechs weitere Könige folgten dem Romulus. Die ersten drei gehören wohl noch ins Reich des Mythos. Die letzten drei, die wahrscheinlich der bis heute wenig erforschten und rätselhaften Hochkultur der Etrusker entstammten, verewigten sich schon archäologisch nachweisbar. Lucius Tarquinius Priscus soll die Sümpfe zwischen den beiden Hügeln Palatin und Aventin trockengelegt haben. Dafür baute er ein Abwassersystem, die *cloaca maxima,* die bis heute existiert. Servius Tullius teilte die Bürger in verschiedene Einkommensklassen und ordnete sie dementsprechend in sein Heer ein.

Die Reicheren als Ritter, da sie genügend Geld hatten, um ein eigenes Pferd zur Verfügung zu stellen. Die Ärmeren als Fußvolk. Er baute einen enormen Verteidigungswall um Rom, die «servische Mauer». Der letzte, Tarquinius Superbus, wurde als unrühmliches Beispiel bekannt. Er achtete nicht mehr den Rat der Weisen, er empfand sich buchstäblich als so «superb» und benahm sich schließlich so hochmütig, dass den Römern der Geduldsfaden riss. Brutus, ein Verwandter des Tarquinius, schritt schließlich zur Tat. Er ermordete den Tyrannen, so wie sehr viel später ein Brutus zum Mörder eines anderen Tyrannen, Caesars, wurde. Niemals wieder, schworen sich die Römer nach der Ermordung des Tarquinius Superbus, würden sie einen Tyrannen dulden. Fortan war das Königtum abgeschafft und ein jeder des Todes würdig, der noch einmal nach der Krone greifen sollte.

Der Staat, eine öffentliche Angelegenheit

SPQR – Senatus Populus Que Romanus – steht noch heute auf allen Kanaldeckeln Roms. Der Senat und das Volk Roms. Diese beiden Gruppen, das Volk und eine Elite weiser Männer, sollten die Herrscher des Reiches sein, nicht ein König oder Tyrann. Aber wie weiß man, was das Volk will, und wie weiß der Senat, ob er den Willen des Volkes tatsächlich ausführt? Das Grundgesetz der Bundesrepublik Deutschland legt als Verfassung die Grundregeln des Staates schriftlich und vor allem verbindlich nieder. Aber Rom hatte keine schriftliche Verfassung. Es **war**, es lebte eine Verfassung. Denn Politik wurde in einem komplizierten Geflecht verschiedener Institutionen gemacht; sie war geprägt von Wertvorstellungen und lange entwickelten Traditionen, von wenigen geschriebenen Gesetzen und vielen ungeschriebenen Regelungen, von oft gemeinsamen und manchmal widersprüchlichen Interessen, für die man eine Übereinkunft finden musste. Unser Wort Republik leitet sich aus dem lateinischen Begriff *res publica* her, und deshalb beschreiben wir das römische Staatswesen vor der Kaiserzeit auch als «römische Republik». Die Römer selbst verstanden ihren Staat vermutlich ganz wie die wörtliche Übersetzung von *res publica*: als eine «öffentliche Angelegenheit». Jeder römische Bürger war von den Entscheidungen dieses Staates betroffen und jeder nahm auf die eine oder andere Weise an diesem Staatswesen teil.

Es herrschte ständig Wahlkampf in Rom. Jedes Jahr wurde die Stadt- und Staatsverwaltung neu gewählt. Dutzende von Beamtenstellen waren zu besetzen. *Quaestores,* die als eine Art Buchhalter in Rom und den Provinzen fungierten; *aediles,* die mit der Aufsicht über die Märkte, Getreideversorgung, Bordelle und Wirtschaften sowie der Organisation von Spielen beauftragt wurden. *Praetores,* die mit der Rechtsprechung über jeweils die römischen Bürger und die Nichtbürger, die so genannten *peregrini,* betraut wurden. Und schließlich die beiden *consules* an der Spitze dieser Beamtenpyramide, die sich vor allem als Feldherren auszuzeichnen hatten. Um machtgierige Alleingänge zu vermeiden, wurde jedes Amt mindestens doppelt besetzt. Aus dem gleichen Grund durften Entscheidungen nie einstimmig getroffen werden und niemand durfte ein Amt länger als ein Jahr bekleiden.

Aber wer sucht die Kandidaten aus, wenn es keine Parteien gibt, in deren Gremien über die geeignete Person entschieden wird? Niemand. Am Anfang der *res publica* entschied sich eine politische Karriere innerhalb der kleinen Gruppe der Patrizier wie von selbst. Wer einem der bekannten, alteingesessenen Clans der Meteller, Fabier oder Cornelier angehörte, dem fiel als Beruf gar nichts anderes ein, als Politik zu betreiben. Er hatte den *cursus honorum* zu durchlaufen, das heißt, er musste sich für ein Amt nach dem anderen bewerben und damit Erfahrungen in allen Bereichen der Verwaltung sammeln, bis er schließlich auch für das höchste Amt des Konsuls kandidieren durfte. Nur die Angehörigen der reichen Oberschicht verfügten zunächst über die finanziellen Mittel, einen Wahlkampf zu bestreiten und ein Amt zu übernehmen. Denn bezahlt wurde man dafür nicht. Man erwies dem Staat die Ehre und wurde zum Ehrenmann, weil man dem Staat diente.

Schritt für Schritt wurden die jungen adligen Männer so ausgebildet. Mit der *praetur* erhielten sie zum ersten Mal ein *imperium*, das heißt, sie durften unter ihrem Kommando ein Heer führen oder die göttlichen Vorzeichen, die Auspizien, lesen. Auf den Straßen Roms war schon weithin sichtbar, wenn sich ein Beamter mit der Vollmacht eines *imperium* zeigte. Denn hinter ihm marschierten die *lictores* mit Rutenbündeln, in denen sich eine Axt befand – ein Symbol für die Macht des Beamten sogar über Leben und Tod. Wer die *praetur* abgeleistet hatte, gehörte automatisch dem Senat an. Dort wurden die wesentlichen Entscheidungen getroffen. Dort stimmte man darüber ab, ob Krieg geführt oder Frieden geschlossen wurde, wer die Legionen befehligen oder die Verhandlungen mit den Feinden führen durfte. Der Senat entsandte die Statthalter in die Provinzen, bewilligte Triumphzüge, regelte die Versorgung der Legionen und beaufsichtigte die Münzprägung. Er war zugleich Außenministerium, Finanzministerium, Verteidigungsministerium und, falls es das irgendwo in Europa noch gäbe, Reli-

Vorzeichen spielten eine wichtige Rolle im religiösen und politischen Leben der Römer. *Augures* lasen den Willen der Götter aus dem Flug der Vögel, *haruspices* untersuchten die Eingeweide der Opfertiere. Die Orakel-Leser wurden vom Senat berufen. Daneben überwachte ein Kollegium von *pontifices* die korrekte Ausführung der religiösen Riten; sie waren dem *pontifex maximus* unterstellt, der vom Volk gewählt wurde. Nach dem Untergang der Republik übernahmen die Kaiser das Amt des Pontifex Maximus, seit dem 5. Jahrhundert n. Chr. tragen die Päpste diesen Titel.

gionsministerium. Denn der Senat bestimmte auch neue religiöse Feste und Feiertage.

Akzeptierte das Volk, dass ihm als höchste Beamte immerzu Kandidaten aus der Oberschicht vorgesetzt wurden, dass nur sie in den Senat einziehen durften und nur der Senat die wirklich wichtigen Entscheidungen für das Staatswesen traf? Nicht seit jeher, nicht unter allen Umständen und nicht automatisch. In der Frühzeit der *res publica* ertrotzten sich die römischen Massen ihr Mitspracherecht. Sie hatten immerhin auch die Kriege gegen die umliegenden italischen Stämme mitzufechten, in denen Rom sein Gebiet Stück für Stück erweiterte. Also wollten sie wenigstens auch ihre Vertretung haben. Sie drohten mit «Auszug aus der Stadt», falls der Senat ihnen nicht nachgebe. Die *plebs* – was nicht abfällig gemeint war, sondern nur «die Menge» hieß – organisierte sich in einer Versammlung der Plebejer. Und konnte sich durchsetzen. Sie bekam ihre eigenen Vertreter – die Volkstribune. Sie schützten die *plebs* vor Übergriffen der Beamten, sie durften gegen Gesetzesvorlagen des Senats Einspruch erheben. Das Amt des Volkstribuns wurde nicht nur dauerhaft eingerichtet, seine Amtsgewalt war sogar unangreifbar, niemand durfte ihn einfach absetzen. Mehr noch: Nach den Ständekämpfen durften sich auch Plebejer für die höchsten Ämter bewerben und später der noblen Gesellschaft des Senats angehören.

Aber konnte sich ein Plebejer den *cursus honorum* überhaupt leisten? Durchaus. Viele Plebejer hatten sich im Verlauf der Eroberungskriege ebenfalls Land und ein Vermögen zulegen können. Wenn vom römischen Adel die Rede ist, dann ist kein Geburtsadel gemeint, wie er sich im mittelalterlichen Europa entwickelte. Sondern ein Verdienstadel. Wer dem Staat diente, gehörte zur Nobilität. Zwar rekrutierten sich die Vertreter des Staates hauptsächlich aus den alten, angesehenen Familien. Sie beriefen sich immer wieder auf die glorreichen Taten, die schon ihre Ahnen und Ururahnen für die *res publica* vollbracht hatten. Aber diese *res publica* ließ auch «neue Menschen» – *homines novi* – aufsteigen, Römer, die zwar keiner der altehrwürdigen Familien angehörten, sich aber durch eigene Verdienste und Talent auszeichneten. Wobei «Talent» auch die Bezeichnung einer römischen Währungseinheit ist, die etwa 50000 Euro entspräche.

Hier herrschen Tugend und Ordnung

Der Hollywoodfilm *Gladiator* beginnt mit einer Szene, in der wir ein bisschen verstehen können, warum die Römer sich selbst als zivilisiert, aber alle anderen als *barbari* empfanden. In einem Wald an der Grenze Germaniens bereiten sich die Römer und ihre Gegner auf eine entscheidende Schlacht vor. Die römische Legion nimmt Aufstellung, jeder Einzelne an seinem Platz, jeder sich seiner eigenen Position und Aufgabe bewusst. Die Germanen stürmen als Horde aus dem Wald. Sie waren «Chaos», tapfer zwar, aber eben nur eine wilde Masse, die es vielleicht gerade mal schaffte, ihr eigenes Dorf oder ihren eigenen Stamm zu verwalten. Rom war Ordnung. Und niemand nahm sich das Recht, diese Ordnung zu stören. Als die *plebs* gerade vor den Ständekämpfen immer unzufriedener mit ihrer herrschenden Klasse wurde, revoltierte sie nicht. Sie wollte nicht die Mächtigen stürzen und eine ganz andere Staatsform errichten. Vielmehr organisierte sie sich, um ein Mitspracherecht in dieser Gesellschaftsordnung zu erhalten.

Vielleicht schaffte Rom diese ungeheure Leistung, nicht nur einen Stadtstaat, sondern später ein ganzes Reich in einem recht gut funktionierenden und dauerhaften Staatswesen zu organisieren, weil auch Roms Bürgerschaft sich ordnete wie ein Heer: jeder an seinem Platz, jeder mit bestimmten Aufgaben und jeder, der über ausreichendes Talent verfügte, mit einer Chance zum Aufstieg in die Spitze. Und Roms Politiker waren die «Feldherren» in diesem Spiel. Ein Feldherr aber ist nichts ohne seine Soldaten. Er braucht ihre Loyalität, und dafür muss er auch zusehen, dass es ihnen so gut wie möglich geht. Umgekehrt müssen die Soldaten ihrem Feldherrn vertrauen können, seiner strategischen Klugheit, seiner Entschiedenheit, seiner Weitsicht. Ohne das Zusammenspiel beider Kräfte wären alle zur Niederlage verdammt. Kurzum: Roms Politiker mussten über *dignitas* und *auctoritas, virtus* und *fides* – Würde und Autorität, Tapferkeit und Treue – verfügen. Die hatten sie nicht einfach, weil sie ein Amt ausübten. Nein, sie wurden nur in ein Amt gewählt, wenn sie über diese und eine Reihe anderer Tugenden verfügten. Und wehe, wenn sie sich nicht anständig aufführten! Da es noch keine Meinungsumfragen gab, konnten die Senatoren, Beamten und Volkstribune ihren Beliebtheitsgrad bei öffentlichen Reden, bei den Spielen oder im Theater ausprobieren. Wer sich nicht nach den Vorstellungen der *plebs* benommen hatte, wurde rücksichtslos ausgebuht und konnte seine Wahlchancen begraben, seine Karriere vergessen. «Zeig dich doch dem Volk und geh zu den Spielen», rief der Anwalt, Redner und Politiker Cicero während eines Prozesses spöttisch seinem Erzfeind Clodius zu. «Du hast es doch nicht einmal im Jahr deines Tribunats gewagt, in die Öffentlichkeit zu gehen. Hattest du Angst, dass man dir bei deinem Auftritt keinen Beifall spendet?»

Er darf in keinem Lateinbuch fehlen: Der Anwalt, Politiker und Schriftsteller Marcus Tullius Cicero ist sicher eine der bekanntesten Persönlichkeiten der Antike. Er wurde 106 v. Chr. auf dem Gut seines dem Ritterstand angehörenden Vaters geboren und studierte bei den wichtigsten Rhetoren und Philosophen seiner Zeit. Als *homo novus* musste er sich durch besonderen Ehrgeiz hervortun; tatsächlich erreichte er jedes Amt *suo anno*: genau in dem Mindestalter, das das Gesetz vorschrieb. Cicero war einer der brillantesten Politiker. Doch geriet er immer wieder zwischen die Fronten. Anders als Sulla, Caesar oder Augustus hasste er alles Militärische und verfügte nicht über skrupellose Härte. Nach Caesars Ermordung schlug er sich auf die Seite von Augustus – gegen Marcus Antonius. Als sich die beiden 43 v. Chr. kurzfristig versöhnten, ließen sie den unbequemen Cicero umbringen.

Vieles in dieser *res publica* war nach unserer heutigen Sicht ungerecht oder gar korrupt. Es war teuer, das Volk bei Laune zu halten, die Massen von bestimmten Maßnahmen zu überzeugen oder die eigenen Wahlchancen zu verbessern. Ein Bewerber um ein Amt musste sich spendabel zeigen, Spiele ausrichten, um die *plebs* zu beeindrucken und sich als geeigneter Kandidat der Öffentlichkeit vorzustellen. Selbst Cicero, der in der späten Republik noch zu den «saubersten» Politikern gehörte, riet: «Du musst dafür sorgen, dass deine Bewerbung für ein Staatsamt pomphaft vor sich geht.» Es überrascht also nicht, dass viele Kandidaten sich für ihre politische Karriere so sehr verschuldeten, dass sie sich auf Statthalterposten bereichern mussten, um ihre Finanzen wieder in Ordnung zu bringen. Oder von Geldgeschenken Dritter abhängig waren, die sich davon wiederum politischen Einfluss erhofften. Nach unseren Gesetzen hätte sich der größte Teil des römischen Establishments wegen Spendenaffären verantworten müssen. Aber den Römern erschien das nicht korrupt. Es gehörte dazu, genau wie der Kauf von Wählerstimmen, der eben nicht als Wahlbetrug galt, sondern als Wohltat gewertet wurde, als Aufgabe, die ein Politiker zu erfüllen hatte. So wie der Patron seinen Klienten jeden Tag zu einem Taschengeld verhalf. Oder ein Aristokrat die ganze Stadt am Beerdigungszug beteiligen und verköstigen musste, wenn ein Familienangehöriger gestorben war. Das war man aus dem täglichen Leben gewöhnt. Und das hatte für Römer jahrhundertelang alles seine Richtigkeit.

Tod den Tyrannen!

«Der» Römer, wie wir ihn von antiken Statuen kennen – hoch gewachsen, muskulös, mit einem schmalen, scharf geschnittenen Gesicht –, verkörperte nicht die Wirklichkeit, sondern ein Ideal. Kaiser Augustus, berichten uns Quellen, war eher kurzbeinig und neigte im Alter zu Schwabbelwangen und reichlich Wohlstandsspeck auf den Hüften. Die Herrscherstatuen aber zeigen ihn als ewig jugendlichen, schlanken Helden. Ganz Rom äffte das vom Herrscher vorgegebene Schönheitsideal nach. So wie zahlreiche Männer im Wilhelminischen Deutschland einen Zwirbelbart wie der Kaiser trugen, ließen sich die Römer glatt rasiert mit Kurzhaarschnitt darstellen. Selbst wenn sie vielleicht eine Glatze hatten. Alle Köpfe aus dieser Zeit sehen sich ähnlich. Auch in der Frühzeit der Republik gibt es das Idealgesicht. Das hagere, asketische des Bauern und Soldaten. Offensichtlich hätte sich damals niemand gerne als dicklicher Lebemann darstellen lassen. Aber aus der Zeit der späten Republik, aus den etwa eineinhalb Jahrhunderten vor unserer Zeitrechnung, kennen wir Männerköpfe mit Sorgenfalten und Frauenköpfe mit Doppelkinn. Ein Priester der ägyptischen Göttin Isis wurde mit schmalen Lippen und einer Narbe auf der Glatze dargestellt; der Feldherr Pompejus mit hochgezogenen Augenbrauen, was ihm einen etwas dümmlichen Ausdruck verleiht. Plötzlich zeigen die Römer individuelle, fast karikaturhafte Züge.

Plötzlich? Vielleicht liegt es an den Quellen, die uns für diese Zeit reichlich vorliegen, wenn wir so viel über die Taten und Untaten einzelner Personen am Ende der *res publica* erfahren. Vielleicht aber hatte sich in der römischen Gesellschaft auch etwas Grundlegendes geändert. Vom Beginn der *res publica* an – nach dem Geschichtsschreiber Livius 509 vor unserer Zeitrechnung – stand das Gemeinwesen im Vordergrund. Sicher, auch damals vollbrachten Einzelne Heldentaten: weiteten Roms Staatsgebiet nach Italien aus, schlugen die Karthager, eroberten Griechenland. Sie wurden gefeiert, weil sie etwas für den Staat geleistet hatten. Doch der Staat, das war immer noch das Zusammenspiel aller Institutionen und Kräfte. Gegen Ende der *res publica* aber individualisiert sich die römische Gesellschaft. Nicht mehr das «Wir» steht im Vordergrund, sondern das «Ich». Mehr und mehr wird die *res publica* ein Spielball der egoistischen Interessen und Machtgelüste Einzelner. Bis sie schließlich zusammenbricht.

Zuerst kündigten jene die Idee des Gemeinwohls auf, die an erster Stelle dafür zu sorgen hatten. Die Senatoren. Als das italische Umland Roms dem *ager publicus,* dem Staatsland Roms, einverleibt wurde, bedienten sich in erster Linie die ohnehin schon Reichen. Die kleinen und mittelständischen Bauern verloren zunehmend Land, Besitz und Lebensgrundlage. Es gab noch keine Berufsarmee. Wegen der vielen römischen Kriege wurden die Bauern beständig zu den Waffen gerufen und konnten ihr Land nicht mehr bestellen. Die Patrizier nützten diese Entwicklung, kauften immer mehr Land auf oder konfiszierten es einfach, schlossen es zu großen Gütern zusammen und ließen diese von Sklaven bewirtschaften. Die verarmten Bauern zogen nach Rom und bildeten dort ein immer größeres und unzufriedeneres Proletariat: Leute mit reichlich Nachkommenschaft (*proles*), die sie aber nicht ernähren konnten. «Als Tiberius Sempronius Gracchus durch Etrurien reiste und die Öde des Landes sah und als er sah, dass alle Feldarbeiter und Hirten aus der Fremde stammende kriegsgefangene Sklaven waren», schreibt der Biograph Plutarch, sei «der Plan in ihm entstanden, der ihm und seinem Bruder unzählige Leiden bringen sollte».

Der Volkstribun Tiberius Gracchus, Sohn eines angesehenen plebejischen Konsuls und der Patrizierin Cornelia, beschloss, eine Reform durchzusetzen, mit der das Staatsland gerechter verteilt und die Unzufriedenheit des Proletariats gemildert werden sollte. Doch die Senatoren verweigerten jeden Kompromiss in der Landfrage. Um Tiberius' Reform zu Fall zu bringen, ließen sie einen senatstreuen anderen Volkstribun, Marcus Octavius, Einspruch gegen das Landgesetz erheben. Tiberius, begeistert

Rufus est – «Das ist Rufus».

von seiner Lösung für das «italische Problem», explodierte und überschritt eine klare Grenze der *res publica.* Er ließ Marcus Octavius während dessen Amtszeit einfach absetzen und installierte einen ihm ergebenen Tribun. Das war ein eindeutiger Bruch mit allen Traditionen. Der Senat holte zum entscheidenden Schlag aus: Tiberius, ließ man das Gerücht verbreiten, dieser Volkstribun, der so mitreißend zu den Massen reden konnte, der eine so loyale Anhängerschaft gewonnen hatte, sei in Wirklichkeit auf mehr aus. Auf die Krone eines römischen Königs. Da war er, der ungeheure, unvorstellbare, tödliche Vorwurf. Ein Senator ermordete den Tiberius und rechtfertigte sich damit, er habe eine Tyrannei verhindern wollen. In Rom kam es zu nie zuvor erlebten Unruhen. «Dies soll der erste Aufstand gewesen sein, der durch Bürgermord und Bürgerblut entschieden wurde, seitdem in Rom die Königsherrschaft gestürzt worden war», beobachtete Plutarch. «Sonst pflegte man Streitigkeiten gütlich und friedlich beizulegen, selbst wenn sie nicht weniger gefährlich und aus ebenso wichtiger Ursache entstanden waren. Denn die Regierung fürchtete die Macht der Menge, das Volk hatte Achtung vor dem Senat. Es scheint auch, dass eher Zorn und Hass der Optimaten die Ursachen der Zusammenrottung gegen Tiberius waren, als die Gründe, die man dafür vorschützte.»

Tiberius' Ermordung schlug, wie sich später herausstellen sollte, eine unüberwindbare Kluft in das Gefüge der *res publica.* Ab jetzt standen sich zwei Parteien immer klarer und immer unversöhnlicher gegenüber: auf der einen Seite die Popularen, die dem Volk Gerechtigkeit und mehr Mitspracherecht verschaffen wollten; auf der anderen Seite die Optimaten, zum größten Teil Politiker der Nobilität, die keinerlei Schwächung des Senats dulden mochten. Doch der Senat hatte sich schon selbst geschwächt. Weil er der Landreform des Tiberius Gracchus nicht zustimmen wollte, weil er sich mit Zähnen und Klauen weigerte, die eigenen Pfründe aufzugeben oder zu teilen, war er kein unparteiischer Vermittler mehr. Sondern ein Klüngel, der seine eigenen Interessen zu schützen versuchte. Der

Nächste, der dieser Interessengemeinschaft zum Opfer fiel, war Tiberius' Bruder Gaius. Auch er wollte mit allen Mitteln die Landreform weitertreiben. Auch er wurde ermordet.

Wahrscheinlich konnten die Zeitgenossen der späten *res publica* nicht klar erkennen, was wirklich passiert war. Von der Ermordung des Tiberius Gracchus 133 vor unserer Zeitrechnung an bis zum Untergang der Republik gut hundert Jahre später erschöpfte sich Rom in Grabenkämpfen. Zuerst mit Gesetzesvorlagen, die von Volkstribunen eingebracht und vom Senat wieder rückgängig gemacht wurden. Oder umgekehrt. Dann terrorisierten sich Anhänger der Optimaten und Popularen, oder manchmal nur Anhänger verschiedener Kandidaten für ein Staatsamt, gegenseitig mit Hilfe von Schlägertruppen. Man stürmte Wahlveranstaltungen oder lieferte sich Prügeleien. Schließlich eskalierten die Auseinandersetzungen zu Bürgerkriegen, an denen ganze Legionen beteiligt waren. Vielleicht war die *res publica* gar nicht mehr zu retten, nachdem die stillschweigende Übereinkunft zwischen dem Senat und dem Volk erst einmal aufgekündigt war. Das System war krank, und nach dem Tod der beiden Gracchen-Brüder wurden die Kuren immer radikaler, der Patient immer ungeduldiger und die Ärzte, die zur Heilung antraten, in immer schnellerer Reihenfolge gefeuert. Nur um einem neuen Heiler Platz zu machen, der noch radikaler vorging und doch nicht weniger ratlos war als seine Vorgänger.

Gaius Marius versuchte als Nächster sein Glück. Er war kein Patrizier, sondern ein *homo novus*, der sich als Offizier einen Namen gemacht hatte. Auch er erkannte, dass das italische Problem gelöst werden musste. Er reformierte das Heer und sorgte dafür, dass Kriegsveteranen Land zugeteilt und die Bewohner Italiens das römische Bürgerrecht verliehen bekamen. Er besiegte den nordafrikanischen König Jugurtha, der Rom in Grenzkonflikte verwickelt hatte, und die germanischen Stämme der Cimbern und Teutonen. Aber auch er verstieß gegen die Traditionen der *res publica*. Mit der Reformierung des Heeres und der Landverteilung an Veteranen hatte nicht mehr der Senat für die Versorgung des Heeres zu sorgen, sondern der Feldherr. Also waren die Soldaten nun in erster Linie ihrem individuellen Befehlshaber treu ergeben – und nicht mehr der *res publica* als Ganzes. Diese Neuerung sollte Gaius Marius und dem republikanischen Staatswesen später zum Verhängnis werden. Doch zunächst ließ er sich als «Retter aus der Krise» siebenmal zum Konsul wählen – was eigentlich strikt verboten war – und sogar als «Neugründer Roms» wie eine Art Gott verehren.

Kein Wunder, dass dieser Aufsteiger Marius, der von Cicero als «Bauernkerl, aber ganzer Kerl» beschrieben wurde, die Wut und Eifersucht der Patrizier auf sich zog. Besonders eines Patriziers, der selbst reichlich machthungrig war: Lucius Cornelius Sulla, aus dem alten Clan der Cornelier. Plutarch beschreibt ihn als blonden, blauäugigen Frauenhelden, der sich als junger Mann hauptsächlich in Bordellen und beim Glücksspiel in Spelunken herumtrieb, und «verschlagen wie ein Fuchs» war. Der Historiker Sallust charakterisierte Sulla als «gierig nach sinnlichen Genüssen. Aber noch gieriger nach Ruhm». Er diente zunächst als hoher Offizier unter Marius, schaffte es aber, sich dessen Siege in der Öffentlichkeit selbst zuzuschreiben. Mehr und mehr gerieten Marius und Sulla in Konflikt – zum einen über die Frage der Landverteilung, die Marius wollte, Sulla aber ablehnte. Zum anderen über den Oberbefehl gegen einen König, der im Osten des Römischen Reiches immer wieder brutale Angriffe gegen römische Kolonien führte. Und hier entschloss sich Sulla zu einem radikalen, zuvor undenkbaren Schritt. Er führte seine Truppen gegen Rom. Über die heilige Stadtgrenze, das *pomerium,* hinweg, die jahrhundertelang kein Feldherr überschreiten durfte, solange er noch vom Senat mit Befehlsgewalt ausgestattet war. Und sicherlich war Marius' Heeresreform mit schuld daran, dass Sullas Soldaten ihm bei diesem Tabubruch folgten. Aber Sulla trieb es noch krasser: Er ließ die Menge rücksichtslos niedermachen, die von Hausdächern und Brücken aus die einmarschierenden Soldaten mit Ziegeln und Pflastersteinen bewarf. Die Anhänger des

Marius, der kurz zuvor an Rippenfellentzündung gestorben war, wurden auf schwarze Listen gesetzt, zu Tausenden umgebracht, ihr Besitz billig an die Optimaten, die Anhänger des Senats, versteigert. Bis Sulla zum Erstaunen aller seine Ämter aufgab und sich auf sein Landgut bei Puteoli zurückzog, regierte in Rom der Terror. Unter jenen, die vor den Verfolgungen des Sulla flüchten mussten, war ein junger, gerade sechzehnjähriger Mann, dessen Tante die Ehefrau des Marius war: Gaius Julius Caesar.

Caesar. Nach ihm nannten sich die römischen Herrscher «Caesaren». Aus seinem Nachnamen sind die Titel «Kaiser» und «Zar» entstanden. Als Spross einer Patrizierfamilie wurde er schon als Kind auf Erfolg getrimmt. Er war eitel, zupfte sich die Körperhaare einzeln mit der Pinzette aus (Sueton), kratzte sich affektiert mit einem Finger am Kopf (Cicero) und kämmte die Haare über seinen früh schon Glatze zeigenden Schädel (Cassius Dio). Nächtens gab er sich als römischer Gesellschaftslöwe, spendierte luxuriöse Gastmähler und verführte Roms «angesehene Frauen» reihenweise (Sueton). Tagsüber arbeitete er hart, konnte seinen Sklaven sieben Briefe auf einmal diktieren und errang sich als Offizier bei seinen Soldaten unbedingte Treue, weil er «Strapazen auf sich nahm, die über seine körper-

Römer trugen mindestens drei Namen: den Vornamen (wie Marcus, Gaius oder Quintus), den vom Vater auf die Kinder vererbten Namen der *gens*, des Clans, wie Claudius, Julius, Cornelius, und schließlich einen Zunamen, den sie sich selbst zulegten oder der ihnen als Spottname zuflog. So bekam Gaius Julius den Spitznamen *Caligula*, «das Stiefelchen», weil er einen Teil seiner Kindheit in Feldlagern verbrachte und dort eine kleine Uniform samt Stiefelchen trug. Oft wurden diese Zunamen vererbt. Kaiser Nero hieß wie schon sein Vater *Ahenobarbus*, «der Rotbart». Nicht immer geben die Quellen alle drei Namen einer Person an.
Frauen trugen als Vornamen die weibliche Form des Clannamens, den «richtigen» Clannamen änderten sie ja nach der Hochzeit. Deshalb gab es so viele Römerinnen namens Claudia, Julia oder Cornelia. Da einer Familie oft mehrere Töchter geboren wurden, nannte man sie einfach Julia *major*, «die Ältere», bzw. Julia *minor*, «die Jüngere», oder hängte im allergrößten Notfall einen Zahlennamen an (Julia *tertia*, die dritte).
Sklaven übernahmen nach der Freilassung neben ihrem eigenen Vornamen den Vor- und Clannamen des ehemaligen Herrn.

lichen Kräfte hinauszugehen schienen. Er war nämlich hager, hatte eine zarte, weiße Haut, oft plagten ihn Kopfschmerzen und er litt dazu noch an epileptischen Anfällen» (Plutarch). Und er war maßlos ehrgeizig. Lieber wollte er «in einem Barbaren-Dorf Erster sein, als in Rom der Zweite», vertraute er Freunden an.

Wollte Caesar auch die Herrschaft des Senats stürzen? Die *res publica* in eine Tyrannei, gar in eine Monarchie umwandeln? Zunächst einmal wollte er ganz nach oben. Dass ein erfolgreicher Politiker dafür unorthodoxe Mittel anwenden musste, hatten ihm schon die Gracchen-Brüder, sein Onkel Marius und dessen Widersacher Sulla vorgemacht. Sie hatten sich über jegliche Regeln hinweggesetzt, warum sollte ein so von sich eingenommener Mensch wie Caesar plötzlich die alten Traditionen beachten? Caesar schuf sich seine Machtbasis beim Volk, spendierte mit geliehenem Geld tagelange Gladiatorenspiele und hielt begnadete Reden. Als Offizier raffte er die Beute aus seinen Feldzügen nicht an sich, sondern verteilte sie. Das war ein Patron, wie ihn sich die Masse wünschte. Großzügig, heldenhaft, einer, der zwar ein Patrizier war, aber es «den Großen» zeigte. Selbst wenn er sich wie ein Mafiaboss ein Netzwerk von Schlägern hielt, die Gegner auch rücksichtslos niedermachten. «Die Monstrosität dieses Mannes verbirgt sich hinter großem Charme und einer betörenden Freundlichkeit», behauptete Caesars eifrigster Feind, der Republikaner und ehemalige Konsul Cicero, von ihm. «Wenn wir ihm Widerstand leisten, wird es ein Blutvergießen geben.» Nach kurzer Zeit schon kommt man in Rom an Caesar nicht mehr vorbei. Und Caesar weiß zur richtigen Zeit die richtigen Verbündeten für seinen Weg ganz nach oben zu finden. Er schließt sich mit Crassus, dem reichsten Mann Roms, und dem Feldherren Pompejus zu einem Triumvirat zusammen. Crassus bezahlt Caesars Schulden, die ihm langsam über die Ohren zu wachsen drohen. Pompejus ist der Held der Stunde, weil er gerade Kleinasien und den Nahen Osten erobert hat. Beide sorgen dafür, dass Caesar endlich Konsul wird. Seinen Mitkonsul Bibulus lässt er von seinen Schlägertruppen so einschüchtern, dass der sich während des ganzen Jahres seiner Amtszeit in sein Haus einschließt.

Das kann der Senat nicht dulden. Er nimmt subtile Rache und überträgt Caesar nach dem Ablauf seiner Amtszeit das lächerliche Amt für die Pflege des Waldes und Kleinviehs in Oberitalien. Wie bitte? Der große Caesar, der brillante Offizier und geniale Politiker, der ehemalige *pontifex maximus* und Konsul, soll Oberförster in der Provinz werden? Caesars *dignitas*, seine Würde, ist zutiefst verletzt. Entweder er würde sich lächerlich machen lassen und dann höchstens noch als Fußnote der römischen Geschichte auftauchen. Oder zu radikalen Gegenmaßnahmen greifen. Caesar will einen Triumph, das höchste, was Rom zu bieten hat. Er braucht einen Krieg. Er überfällt Gallien.

Acht Jahre bleibt er Rom fern. Er erobert Gallien nicht nur, er macht es brutal nieder. Aber der Senat will ihm noch immer keinen Triumphzug bewilligen. Da greift Caesar zum letzten Mittel, dem Gleichen, das auch Sulla schon einmal verwandt hatte: Er führt seine Truppen über den italischen Grenzfluss Rubikon nach Rom. Caesar hat alles auf eine Karte gesetzt – und Caesar gewinnt. Italien liegt ihm zu Füßen, seine Gegner fliehen aus Rom – unter ihnen auch sein früherer Verbündeter Pompejus, dem Caesar eindeutig über den Kopf gewachsen ist. Jetzt geht es nicht mehr um Schlägertruppen, die Wahlveranstaltungen des Gegners stören. Jetzt herrscht Bürgerkrieg. Caesar verfolgt Pompejus durchs gesamte Imperium, in Griechenland schlägt er dessen Truppen. 15000 römische Bürger fallen allein auf Pompejus' Seite. Nach seiner Rückkehr in die Hauptstadt des Reiches lässt Caesar sich zum Diktator auf zehn Jahre ernennen. Endlich, im Al-

ter von über fünfzig Jahren, bekommt er seinen Triumph bewilligt. Endlich ist seinem Machtstreben und seiner Eitelkeit Genüge getan. Fortan wird er den Lorbeerkranz und das purpurfarbene Gewand in der Öffentlichkeit nicht mehr ablegen. Der Senat überhäuft ihn mit Ehren, selbst den lächerlichsten – vielleicht, um ihn lächerlich und unmöglich zu machen. Und Caesar, der charmante Betörer und eitle Fatzke, nimmt sie alle an.

Tatsächlich stellt er sich als hervorragender, fieberhaft arbeitender Verwalter heraus. Er verteilt Land an Veteranen und an das römische Proletariat und gewinnt dadurch Ruhe – und weitere Sympathien im Volk. Er reformiert das Verwaltungssystem der Provinzen und führt den Sonnenkalender ein, der mit leichten Änderungen bis heute gilt. Aber weder hat er die Kraft, die Macht oder das richtige Rezept, die alte *res publica* wieder herzustellen. Noch will er wirklich den letzten Frevel wagen, sich die Königskrone antragen zu lassen. Dreimal reicht sein Freund Marcus Antonius ihm beim Luperkalienfest die Krone. Ist das ein zwischen den politischen Kumpanen abgesprochener Testlauf? Eine eigenmächtige Aktion des überbordenden Marcus Antonius? Caesar äußert sich nicht dazu. Er versteht das betretene Schweigen des Volkes bei dem seltsamen Spektakel und lehnt dreimal höflich, aber bestimmt ab. Caesar versucht es mit einer Zwischenform. Im Februar des Jahres 44 vor unserer Zeitrechnung lässt er sich vom Volk zum Diktator auf Lebenszeit küren. Doch auch das war ein Schritt zu viel. Jetzt verlassen ihn sogar einige seiner politischen Freunde. An den Iden des März 44 stürzt sich während einer Sitzung eine Gruppe von Senatoren auf Caesar und metzelt ihn mit 23 Messerstichen nieder. Unter ihnen auch Caesars Vertrauter Brutus. Wieder war ein Brutus zum Tyrannenmörder geworden.

Der Diktator war tot. Aber die *res publica* auch. Der Wahn, selbst mit gewaltsamen Mitteln ein System retten zu wollen, das auf gewaltfreier Konsensbildung beruhte, mochte oder konnte auch nach dem Ende des Diktators Caesar nicht aufhören. Der Senat war längst schon kopflos geworden, auch das einst mächtigste Organ hatte keine Lösungen anzubieten, außer auf neue, viel versprechende Talente und potenzielle «Retter» zu setzen. Caesars Mörder, obgleich sie doch glaubten, im Namen des römischen Volkes zu handeln, packte die Furcht. Die Masse duldete das Attentat nicht, sie hatte Caesar geliebt. Einige Verteidiger der Senatorenherrschaft und des Optimatentums wie Cicero wurden absolut kompromisslos. Rechtfertigten alles, was der Senat tat. Und verdammten jene in Grund und Boden, die andere Wege zu beschreiten suchten. Die *res publica* versank im Chaos. Die Bürgerkriege wurden nach Caesars Ermordung immer schlimmer, nun hatten sich auch schon dessen Erbe, der junge Octavian, und Marcus Antonius, Caesars Freund, verkracht. Immer mehr sehnten sich die Römer nach dem starken Mann, der ihnen endlich nur einen Wunsch erfüllen würde: ein Leben in Ruhe und Frieden.

Als Octavian, der sich später Augustus nannte, das Erbe Caesars antrat, wie es das Testament des Diktators vorsah, war er kein starker Mann, sondern ein schmächtiger Jüngling von neunzehn Jahren. Man unterschätzte ihn. Aber Augustus setzte sich mit hemmungsloser Härte gegen seine Gegner durch, ließ seine Widersacher – wie schon einmal der Diktator Sulla – zu Hunderten beseitigen und stellte sich schließlich an die Spitze des Staates. Nur war er schlauer als sein Vorgänger. Er legte sich nicht den Titel eines Alleinherrschers oder

In den Bürgerkriegen verhielt sich Augustus nicht wie ein gemäßigter Sieger. Gerade gegen die Vornehmsten wütete er in beleidigender Weise. Einem, der ihn unterwürfig wenigstens um ein anständiges Begräbnis bat, gab er die Antwort: «Dafür werden schon die Vögel sorgen!» Unruhen im Innern unterdrückte er, noch ehe sie um sich greifen konnten. An Abdankung und die Wiederherstellung der alten Republik hat Augustus zweimal gedacht. Gleich nach dem Sieg über Marcus Antonius, gerade weil dieser oft behauptet hatte, Augustus sei das einzige Hindernis für die Wiedererrichtung der *res publica*. Das zweite Mal aus Unmut nach einer langen Krankheit. Doch die Überlegung, dass er als Privatmann beständig in Gefahr schweben würde, und dass der Staat dann der Willkürherrschaft vieler ausgeliefert sei, brachte ihn doch wieder dazu, das Ruder in der Hand zu behalten. (Sueton)

Diktators zu, sondern den eines *princeps* – des Ersten unter anderen im Staat. Die besten Männer waren tot oder im Exil, das Volk und der Senat mürbe geworden. Wer hätte sich noch widersetzen können? Augustus schaffte das Amt des Volkstribunen ab und unterstellte die Legionen seinem Befehl, aber er ließ den Senat bestehen. Die einstige Machtzentrale der *res publica* war ohnehin zu schwach geworden, wirklich wichtige Entscheidungen zu treffen. So blieb dem Anschein nach ein Gerüst der *res publica* bestehen, während sie schon eine Alleinherrschaft geworden war.

War die römische Republik eine Demokratie?

War die *res publica* eine Demokratie? Nicht nach unseren modernen Maßstäben. Es gab Volksversammlungen und Volkstribune mit wichtigen Vollmachten, aber keine wirklich freie, weil geheime, Wahl zu einer Art Parlament. Die Bürger waren nicht gleich, sondern nach Einkommensklassen und Ständen mit jeweils unterschiedlichen Privilegien und Pflichten eingeteilt. In den Volksversammlungen wurde getrennt nach Einkommensklassen abgestimmt. Zuerst gaben die Reichen ihre Täfelchen ab. Bis dann die Armen an die Reihe kamen, war die Angelegenheit oft schon entschieden. Weit mehr als die Hälfte der Bevölkerung, nämlich die römischen Frauen und die Sklaven, waren nicht oder nur indirekt an politischen Entscheidungen beteiligt, weil sie nicht wählen durften. Die Rechtsprechung wurde nicht als unabhängige Institution etabliert, sondern von den Politikern wahrgenommen. Römische Beamte kamen nicht auf die Idee, das Schulwesen zu einer staatlichen Angelegenheit zu machen und allen, Arm wie Reich, gleiche Bildungs- und damit gleiche Aufstiegschancen zu bieten. Staat und Religion waren alles andere als getrennt, sondern unentflechtbar miteinander verbunden. Eine Welt ohne Götter, die ihre Hand schützend über ein Staatswesen hielten, wäre für den Durchschnittsrömer undenkbar gewesen.

Frevelhaft. Eine Herausforderung, die nur Unheil nach sich ziehen konnte.

Die untrennbare Verknüpfung zwischen den Göttern und den Menschen gab nach unserem Verständnis Gelegenheit zu ungeheuren Manipulationen. Die zuständigen Auguren und haruspices, die die Flugbahnen der Adler beobachteten, die Eingeweide von Opfertieren untersuchten und sonstige bemerkenswerte Naturerscheinungen registrierten, um den Willen der Götter zu erkunden, waren in erster Linie auch Politiker. Wenn etwas nicht nach ihren Vorstellungen verlief, «lasen» sie eben Vorzeichen, die ihren Interessen entgegenkamen, sagten Volksversammlungen ab, weil sich ein komischer Fleck auf dem Herz eines Stieres befand, vertagten Entscheidungen über Gesetzesvorlagen, weil ein Adler über dem Kapitol die falsche Kurve geflogen war. Sie selber nahmen derlei Spuk ja nicht mehr ernst.

Der Schriftsteller Thornton Wilder lässt in seinem Roman *Die Iden des März* den Feldherrn Caesar notieren: «Eines Nachmittags im Rheintal verboten mir die Auguren unseres Hauptquartiers, mich mit dem Feind in eine Schlacht einzulassen. Anscheinend waren unsere heiligen Hühner beim Fressen sehr wählerisch gewesen. Gevatterinnen Kratzefuß traten beim Gehen mit den Füßen übereinander. Mit uns Feldherren ist es so weit gekommen, dass wir den Himmel mit den Augen einer Henne betrachten müssen. Ich gab für einen Tag nach, obgleich einer meiner wenigen Vorteile darin lag, den Feind zu überraschen. Am nächsten Morgen machte ich mit Asinius Pollo einen Gang durch den Wald; wir sammelten zwei Dutzend Larven und Raupen, zerschnitten sie mit unseren Dolchen und streuten sie in das heilige Fütterungsgehege. Am nächsten Morgen wartete das ganze Heer mit großer Spannung darauf, den Willen der Götter zu erfahren. Die Schicksalsvögel wurden zum Fressen hinausgelassen. Sie ließen Schreie verzückter Gefräßigkeit ertönen; sie stürzten sich wie wild auf die Mahlzeit. Und so war mir denn erlaubt, die Schlacht von Köln zu gewinnen.»

Die *res publica* mag keine echte Demokratie gewesen sein. Aber sie war eine Ordnung, die nach damaligem Verständnis sehr wohl eine gerechte Beteiligung möglichst vieler am Staatswesen erlaubte. Und die ausgeklügelte Mittel zur Kontrolle der Mächtigen schuf, wenn die Institutionen auch im Laufe der Zeit so erstarrten, dass sie grundlegende Reformen nicht mehr zuließen. In der die Gesetze schriftlich niedergelegt wurden, womit sie für alle zugänglich und für alle gleich gültig wurden – eines der wichtigsten demokratischen Elemente. Es sollte Jahrhunderte, ja sogar weit über ein Jahrtausend dauern, bis irgendein Staatswesen von neuem ein dermaßen gerechtes Regierungssystem schaffen konnte. Erst im 17. und 18. Jahrhundert begannen große politische Denker, Systeme der Gewaltenteilung zu entwickeln, die eine Alleinherrschaft von Königen abschaffen und durch eine Herrschaft des Volkes, oder der «Besten des Volkes», ersetzen sollten. Erst mit der Französischen Revolution 1789 wurde das bis dahin Undenkbare gewagt: Die Institutionen des Staates wurden von denen der Kirche getrennt. Fortan sollte keine Regierung zugleich Hüter des Glaubens und Besitzer des Herrschaftswissens über den Willen der obersten Macht sein. Und was das Wahlrecht der Frauen anbelangt, so musste dies auch in unseren ältesten Demokratien noch Anfang des 20. Jahrhunderts von Frauenrechtlerinnen hart erkämpft werden.

Der Wille allerdings, Götter verschiedener Religionen in die Politik einzuschalten und sie zu Kampfgenossen der Menschen zu machen – wogegen sich weder die Götter noch die Menschen wehren können –, gehört auch heute noch nicht der Vergangenheit an.

Wie siegreiche Feldherren vor dem Größenwahn bewahrt wurden

Im alten Rom war ein Triumphzug die höchste Auszeichnung, die der Senat einem Feldherrn verleihen konnte. Allerdings hatte der Kommandeur der römischen Legionen dafür eine schauerliche Voraussetzung zu erfüllen: Er musste mindestens 5000 Feinde getötet haben. Hatte ein Imperator weniger gemeuchelte Gegner vorzuweisen, gab's nur eine *ovatio*, eine weit weniger aufwendige Parade.

Über mehrere Kilometer schlängelte sich der Zug durch Rom, bis er schließlich auf dem Capitol endete. Man führte die prachtvollsten Beutestücke aus dem Feldzug mit, auf Tafeln wurden die Namen der besiegten Völker aufgezeichnet oder die «Höhepunkte» des Krieges bildlich dargestellt. Trompeter führten diesen Teil der Prozession an. Dahinter folgten die Kriegsgefangenen und Geiseln in Ketten. Im Mittelteil der Parade marschierte der *triumphator*. Beamte und Senatoren schritten ihm voran, er selbst stand auf einem von vier Pferden gezogenen Wagen, gefolgt von seinen Legionen. Der Triumphzug war die einzige Gelegenheit im politischen Leben der *res publica*, bei der einem Imperator die Insignien eines Königs erlaubt waren. Er trug ein purpurnes Gewand und einen Lorbeerkranz auf dem Kopf. Ein Sklave, der hinter ihm stand, hielt eine goldene Königskrone über sein Haupt. Um nicht den Neid der Götter und der Menschen zu provozieren, aber vielleicht auch, um den Sieger vor dem völligen Überschnappen zu bewahren, flüsterte der Sklave ihm eine Mahnung zur Bescheidenheit ins Ohr: *Respice post te; hominem te esse memento.* – «Blicke hinter dich, ich erinnere dich daran, dass auch du nur ein Mensch bist.» Obendrein war es den Legionen erlaubt, ihre berüchtigt derben *ioci militares*, ihre Soldatenscherze, zu reißen. Oft genug wurden diese Witze zum geflügelten Wort oder – vertont – zu Gassenhauern, die in sämtlichen Straßen Roms gesungen wurden. Plutarch überliefert, dass die Soldaten während Caesars Triumphzug zu Ehren seines Sieges über Gallien ihren Kommandeur wegen seines Hanges zur Verschwendung, seiner Kahlköpfigkeit und seines Rufes als Schürzenjäger veräppelten: «Städter, hütet eure Weiber! Den kahlen Buhler führen wir her. Gold hast du in Gallien verhurt, das du dir hier gepumpt hast!»

Am Ende des Triumphzuges und zugleich als dessen Höhepunkt brachte der Imperator dem Gott Jupiter auf dem Capitol ein Dankopfer für den Sieg dar. Allerdings wurde es erst vollzogen, wenn ein Bote die Nachricht überbracht hatte, dass die vorher in der Parade mitgeführten Anführer der Kriegsgegner hingerichtet waren.

Nach dem Ende der *res publica* durften nur noch die Kaiser selbst als Oberkommandierende der römischen Streitkräfte einen Triumphzug durchführen. Manche ließen sich einen Triumphbogen (*arcus*) errichten, wie Kaiser Titus, nachdem er den Aufstand in Judäa niedergeschlagen hatte. Viele Herrscher Europas blieben dieser Sitte treu. Der Bau des Arc de Triomphe de l'étoile in Paris wurde begonnen, nachdem Napoleon halb Europa unterworfen hatte. Der bayerische König Ludwig I. errichtete sich mit dem Siegestor in München selbst ein Denkmal. Einige römische Kaiser nahmen es mit den Vorbedingungen für einen Triumph nicht so genau. Kaiser Claudius führte einen «Feldzug» gegen Britannien, wobei er seine Soldaten nicht einmal auf die Insel übersetzen ließ, sondern ihnen befahl, ein Bad im Ärmelkanal zu nehmen und dann in ihre Unterkünfte zurückzukehren. Auf seinen Triumph in der Hauptstadt mochte er dennoch nicht verzichten.

Von Natur war er (Kaiser Titus) die Güte in Person. Bei seinen Audienzen hielt er entschlossen daran fest, keinen ohne eine Spur von Hoffnung wegzuschicken. Als ihm einmal bei Tisch einfiel, dass er während des ganzen Tages noch niemandem eine Gnade erwiesen habe, tat er jenen denkwürdigen und zu Recht gelobten Ausspruch: «Freunde, ich habe einen Tag verloren.» (Sueton)

«Ave Caesar, die Todgeweihten grüßen dich!»
Gladiatoren

FREIZEITGESTALTUNG IM ALTEN ROM

Die Baustelle muss gigantisch gewesen sein. Stockwerk für Stockwerk wuchs das Amphitheater, dessen Errichtung Kaiser Vespasianus Flavius gleich zu Beginn seiner Regierung anordnete. Nur das Teuerste war gut genug für den Prachtbau unweit des Forum Romanum: Tuffstein tonnenweise, Eisenklammern anstelle von Zement zur Befestigung der riesigen Steinquader und Marmor für die Sitze. Die besten Handwerker Roms wurden mit der Bemalung des Stucks in den Haupteingängen beauftragt, die Architekten entwarfen ein System verschachtelter Gänge, Zellen und Zwinger unter dem Boden der Arena. Dabei hielt Vespasian gar nichts von Verschwendung. Er hatte von seinem Vorgänger Nero ein riesiges Loch in der Staatskasse geerbt und das *domus aurea*: einen ganzen Komplex von Palastgebäuden, ein Areal so groß wie ein Dorf, mit einem Garten, in dem sich wilde Tiere tummelten, und einem künstlichen See, auf dem der exzentrische Nero herumzuschippern und zur Laute zu singen pflegte. Das war nichts für den knauserigen Bauernschädel Vespasian. Das Loch in der Staatskasse stopfte er mit Sondersteuern, darunter sogar Gebühren für den Urin aus den öffentlichen Toiletten der Hauptstadt. Den See ließ Vespasian trockenlegen, um auf dieser Fläche sein *Amphitheatrum Flavium* zu errichten, das erst Jahrhunderte später wegen seiner Größe – oder weil hier einst eine Kolossalstatue des Kaisers Nero stand – Kolosseum genannt werden sollte.

Als Kaiser Vespasian einmal von seinem Sohn Titus vorgehalten wurde, dass er sogar eine Pissoirsteuer einzuführen gedenke, die die Gerber für den Rohstoff Urin zu bezahlen hätten, hielt der Kaiser seinem Sohn Titus eine Münze unter die Nase und stellte fest: *pecunia non olet* – Geld stinkt nicht. (Cassius Dio)

Manche Orte und bestimmte Epochen haben ihre ganz eigenen architektonischen Wahrzeichen – Gebäude, die aus der Silhouette einer Stadt herausstechen und damit signalisieren, dass sie eine besonders wichtige Rolle im Leben ihrer Bewohner spielen. Im späten Mittelalter waren es Kirchen und Rathäuser. Aus dem technikbegeisterten 19. Jahrhundert blieben uns gigantische Eisenbrücken und Bahnhöfe. Heute sind es Fernsehtürme und die Wolkenkratzer der Banken und Versicherungen. Mit dem Bau des Kolosseums bekam Rom ein Wahrzeichen, das Jahrtausende überdauern sollte; dessen Architektur einen Beweis für die hoch entwickelte Zivilisation der römischen Antike ablegt und dessen Zweck – die Veranstaltung blutrünstiger Spektakel – gleichzeitig die dunkle Seite dieser Kultur zeigt.

Kaiser Vespasian erlebte das Ende der zehnjährigen Bauarbeiten und die Einweihung des *Amphitheatrum Flavium* nicht mehr, das nach seiner Familie, den Flaviern, benannt wurde. Es blieb seinem Sohn und Nachfolger Titus überlassen, im Jahr 80 nach Christus das Gebäude einzuweihen. Kaiser Titus ließ sich nicht lumpen. Er spendierte Millionen für die Einweihung.

Hundert Tage dauerte das Fest, die Stadt befand sich im Spieletaumel. Gleich ob Circus Maximus, Forum Romanum, Theatrum Pompei, oder die künstlichen Seen, die einst die Kaiser Augustus und Claudius anlegten: Jeder Austragungsort wurde für *ludi* genützt, für Wagenrennen und Faustkämpfe, Theateraufführungen und *naumachiae* genannte Seeschlachten. Aber die Hauptattraktion war natürlich das neue Amphitheater mit den gigantischen Sonnensegeln, die das gesamte Oval überspannten, und einer Arena, die sich sogar für *naumachiae* fluten ließ.

Titus bot das ganze Programm für seine Spiele im Kolosseum. Vormittags fanden die *venationes,* die Jagden auf wilde Tiere, statt. Lastkarren über Lastkarren luden ihre wertvolle Ware an den Toren des Amphitheaters ab. Käfige mit Löwen, Panthern und Leoparden, mit Rhinozerossen, Wildschweinen und Auerochsen, Bären, Hirschen, Zebras und Straußen, die in die unterirdischen Zwinger verfrachtet wurden. Indische Herrscher, zu denen die Römer Handelsbeziehungen unterhielten, schickten Tiger und Elefanten, einmal soll sogar ein sagenhafter weißer Elefant dabei gewesen sein.

Ganze Wälder bauten die Bühnenarbeiter des Kolosseums auf, in denen leicht und schwer bewaffnete Gladiatoren Jagd zu machen hatten. Begleitet vom lauten Jubel des Publikums, das von den Rängen aus das Geschehen ja bestens im Blick hatte, konnten mit Hilfe hydraulischer Hebevorrichtungen und Luken im Arenaboden zur Überraschung der Jäger neue reißende Bestien in den «Wald» befördert werden. Groß war der Jubel, wenn die Tiere besonders kühn zur Strecke gebracht wurden. Wenn die Jäger ihre Beute wie Stierkämpfer reizten, nur mit einem Dolch bewaffnet auf Löwen losgingen oder mit bloßen Händen mit einem Bären rangen. Beliebt war es auch, manche Tierarten gegeneinander kämpfen zu lassen. Cassius Dio, der allerdings erst 150 Jahre nach dem großen Spektakel zur Eröffnung des Kolosseums schrieb, berichtet von Elefanten, die aufeinander gehetzt wurden. Auch kettete man gerne Stiere und Bären zusammen und reizte sie mit Stockschlägen zum Kampf. Über 5000 Tiere, konstatiert der Historiker Sueton knapp, wurden an einem einzigen der Feiertage zur Eröffnung des Kolosseums erlegt. In den Gängen stapelten sich die Kadaver vermutlich meterhoch. Dank der ausdauernden Bemühungen der Tierfänger im gesamten römischen Imperium gab es wohl keine «Bestie», die ein Römer noch nicht gesehen hatte. Wenn er die Exoten auch nur für ein paar Minuten lebend betrachten konnte, bevor sie abgeschlachtet wurden. Und dank der *venationes* wurden in wenigen Jahrhunderten Raubtiere wie Löwen, Leoparden und Bären in den von Rom beherrschten Gebieten völlig ausgerottet. Was die Römer durchaus als zivilisatorischen Fortschritt empfanden.

«Stirb nicht so unwillig» oder Der Spaß an öffentlichen Hinrichtungen

In der Mittagszeit, wenn sich viele Römer zu einem Ruhestündchen zurückzogen, fand der langweiligste Teil der Veranstaltung statt: die Hinrichtungen der zu den wilden Tieren (*ad bestias*) oder zum Gladiatorenkampf (*ad gladium*) verurteilten Verbrecher – Tempelschänder, Brandstifter, Mörder. Kaiser Titus nutzte diesen Programmteil zu einer Vorführung der besonderen Art: Um zu zeigen, dass er seine Herrschaft nicht mit der Hilfe von Denunzianten zu festigen wünschte, ließ er «sie auf dem Forum tüchtig mit Ruten und Peitschen verprügeln und sie zuletzt in der Arena des Amphitheaters vorbeiführen, wo die Spitzel obendrein tüchtig verlacht wurden» (Sueton). Andere Kaiser gaben sich weniger «mild». Kaiser Caligula, ein irrer Sadist auf dem Thron, löste einen Futterengpass für die wilden Tiere auf seine Weise: «Als einmal das Fleisch zur Fütterung der für eine *venatio* bestimmten Bestien zu teuer war, bezeichnete er unter den im Gefängnis sitzenden Verbrechern diejenigen, welche den Tieren zum Zerfleischen als Nahrung vorgeworfen werden sollten», schreibt Sueton. «Er musterte dafür die Gefangenen in den Kerkern. Dabei warf er keinen einzigen Blick auf deren Strafregister, sondern blieb einfach mitten in der Halle stehen und befahl, alle Gefangenen abzuführen.» Kaiser Claudius, Caligulas Nachfolger, zeigte ebenfalls ein besonderes Faible für Hinrichtungen. Er war dafür berüchtigt, in seiner Eigenschaft als oberster Richter gern das für mindere Delikte vorgeschriebene Strafmaß zu überschreiten und sogar einfache Betrüger *ad bestias* zu

Einmal, als das Opfertier bereits am Altare stand, erschien hoch geschürzt als Opferschlächter Kaiser Caligula, schwang die Opferaxt hoch in die Luft und schlug – einen der Priester tot! Bei einem üppigen Gastmahl brach er plötzlich in lautes Gelächter aus. Die beiden Konsuln, die neben ihm lagen, fragten ihn sehr zuvorkommend, weshalb er denn lache. «Worüber denn sonst, als dass es nur eines Winkes von mir bedarf, um euch allen beiden auf der Stelle die Kehle durchschneiden zu lassen?» (Sueton)

verurteilen. Kaiser Nero ließ nach dem Brand Roms 64 unserer Zeitrechnung Christen reihenweise im Circus Maximus hinrichten – waren sie römische Bürger, wurden sie *ad bestias* verdammt. Bewohner des Imperiums, die nicht das römische Bürgerrecht besaßen, kreuzigte man, was in den Augen der Römer der schmachvollste Tod war, den man sich nur vorstellen konnte. Denn so war einem sogar die «faire» Chance genommen, wenigstens noch kämpfen zu dürfen. Neros Verurteilung der Christen hatte nach römischen Maßstäben durchaus ihre Richtigkeit, denn die Christen wurden ja nicht in erster Linie wegen ihrer Religion zum Tod verurteilt, sondern als Brandstifter. Ein Mosaik aus Zliten im heutigen Libyen zeichnet die schaurigen Details öffentlicher Hinrichtungen auf. Die Verurteilten wurden auf kleine Wägelchen gebunden und in die Arena geschoben, wo sich ausgehungerte Raubkatzen auf sie stürzten.

Wer mehr Glück hatte, war *ad gladium*, zum Schwert, verurteilt und musste sich im Gladiatorenkampf bewähren. Stritt er tapfer, konnte er von Kaiser und Publikum Begnadigung erhalten. Mit feigen Delinquenten hatte das Publikum kein Mitleid. «Warum stürzt er so ängstlich ins Schwert? Warum stirbt er so ungern?», berichtet der Philosoph Seneca von Mäkeleien der Zuschauer. Die Römer liebten Zweikämpfe – deshalb galten «einfache» Hinrichtungen als langweilig. Damit dem Großstadtpublikum ja nicht fad wurde, erdachten die Manager der Spiele immer neue Varianten von Hinrichtungen. Da wurde die Sage von Prometheus nachgespielt, der den Göttern das Feuer stahl und zur Strafe an einen Felsen gekettet wurde, wo ihm ein Adler jeden Tag ein Stück seiner Leber ausriss. Während der Festspielzeit zur Eröffnung des Kolosseums wurde das Drama in leichter Abwandlung aufgeführt: Man schlug einen Verbrecher ans Kreuz und hetzte dann einen ausgehungerten, gereizten Bären auf ihn. Nicht nur gestörter Pöbel beklatschte derlei Perversionen. Martial, der sonst so spitzzüngige Kritiker römischer Unsitten, ließ sich hinreißen, eine ganze Reihe von Gedichten über den ungemeinen Einfallsreichtum zu schreiben, mit dem Menschen in den Tod befördert wurden. «Daedalus», bespöttelte er einen armen Tropf, der als Sagenheld aufzutreten hatte, welcher sich einst Flügel gebastelt hatte, «Daedalus, da dich nunmehr lukanische Bären zerreißen, ach wie gern hättest du jetzt deine Flügel zur Hand!»

Begnadigen, entlassen oder töten?

Das wahre Spektakel der *munera,* also die Gladiatorenkämpfe, fand erst am Nachmittag statt, nach Feierabend des Durchschnittsrömers. Jetzt waren die Ränge wirklich bis zum letzten Platz besetzt. Etwa 50000 Menschen fasste das Kolosseum. Den Besuchern wurden Eintrittstäfelchen ausgehändigt, die präzise die Nummer des Sitzplatzes, den Rang und die Nummer des Eingangstores vermerkten, damit es in der aufgeheizten Stimmung nicht zu Raufereien kam. Immerhin, das Kolosseum hatte 76 Eingänge, deren Nummern zum Teil noch erkennbar sind. Alles harrte in Erwartung. Nicht umsonst, denn von der Inszenierung der Gladiatorenkämpfe hätte selbst Hollywood noch lernen können.

Trompetenfanfaren kündigten den Einzug der festlich gekleideten Gladiatoren in die Arena an. Fachmännisch bestaunte das Publikum die Kämpfer, ließ sich wie bei einer Weltmeisterschaft von Schwergewichtsboxern über deren muskelbepackte Körper aus, spähte nach dem Lieblingsgladiator, auf dessen Sieg man in den Wettbüros vielleicht hohe Summen gesetzt hatte. Dann stellten sich die Kämpfer vor der Kaiserloge auf, um den Herrscher mit der Formel zu grüßen: *Ave Caesar, morituri te salutant.* – «Ave Caesar, die Todgeweihten grüßen dich.» Kaiser Claudius, der gerne faule Pointen riss, antwortete bei einer von ihm veranstalteten Seeschlacht einmal: «Oder auch nicht.» Was die Gladiatoren als Begnadigung auffassten und sich glatt weigerten zu kämpfen. Zuerst wollte Claudius «sie alle niederhauen und verbrennen lassen. Endlich sprang er von seinem Platz auf, lief mit seinem hässlichen Wackelgang um den ganzen See herum und trieb sie bald mit bösen, bald mit guten Worten zum Kampf» (Sueton).

Nach der Begrüßung wurde die Spannung weiter gesteigert. Das Zeremoniell sah erst die genaue Prüfung der Waffen vor, damit ja niemand auf die Idee kam, einem der Gegner ein stumpfes Schwert unterzujubeln. Danach fochten als Vorprogramm junge, noch nicht erprobte Gladiatoren Scheinkämpfe mit Holzwaffen. Schließlich traten die «echten Kerle» unter Fanfarenstößen und Orgelmusik in die Arena. Die Gladiatoren waren nicht mit gleichwertigen Waffen ausgestattet – das machte ja die Spannung aus. *Thraci* trugen einen breitrandigen Helm, einen kleinen, runden Schild und fochten mit einem gebogenen Schwert. Der *retirarius* war nur an seiner linken Seite durch eine Rüstung geschützt – er musste versuchen, den Gegner mit einem Fischernetz einzufangen oder ihn mit seinem langen Dreizack zu erwischen. Besonders beliebt war der schwer bewaffnete *hoplomachus*, der einen Helm mit Visier, Beinschienen und eine Art Panzer am rechten Arm trug. Allerdings war er recht unbeweglich und musste deshalb oft gegen den viel flinkeren *retirarius* antreten. *Essedarii* kämpften von einem britischen Streitwagen (*essedum*) aus, dem *laquearius* stand nur ein Lasso zur Verfügung. Zwanzig verschie-

Retirarius contra hoplomachus.

dene Gladiatorenrüstungen wurden in Pompeji ausgegraben – der Phantasie der Römer für ausgefallene Bewaffnungen war offensichtlich keine Grenze gesetzt. Dafür aber war der Kampf klar reglementiert. Neben jedem Paar stand ein *lanista,* der zugleich Trainer der Gladiatoren und Schiedsrichter war und darauf achtete, dass die beiden ordentlich zuschlugen und nicht etwa nur herumtänzelten.

Der Lärm in der Arena muss ohrenbetäubend gewesen sein. Die riesigen Sonnensegel knatterten im Wind, die Waffen klirrten, auf den Rängen tobte die Masse: *Habet!* oder *Hic habet!,* «Er hat's!» oder «Da hat er's!», schrie das Publikum, wenn endlich Blut floss. Tierhetzen und Hinrichtungen mochten Nervenkitzel sein. Aber der wahre Wahn brach aus, wenn einer der Gladiatoren getroffen in den Sand stürzte, wenn ein Statist, verkleidet als Gott der Unterwelt Charon, auf das Gladiatorenpaar zutrat, um anzuzeigen, dass einer der Kämpfer mit dem Tode rang, oder wenn entweder ein Gladiator oder der *lanista* einen Finger als Zeichen zum Aufgeben hob. Das war der spannendste Moment. Jetzt musste der Kaiser entscheiden, ob er dem Unterlegenen Gnade gewährte, weil er tapfer gekämpft hatte, ob er beide Kämpfer als Lob für ihre Todesverachtung *stantes missi,* stehend aus der Arena entließ. Oder ob der Unterlegene den Todesstoß verdiente. Der Kaiser aber, so sah es das Ritual vor, gab das Recht auf Leben und Tod großzügig an das Volk ab. Erst wenn es durch Applaudieren oder Pfeifen, durch Gesten oder durch Brüllen seinen Willen kundgetan hatte, hob er seinen Daumen zur Begnadigung. Oder senkte ihn, worauf der Verlierer ergeben seinen Hals für den Todesstreich hinhielt.

Schriller, blutiger, mehr

Kaiser Titus spendierte hundert Tage Festspiele. Sein Bruder und Nachfolger Domitian wurde zwar als grausamer Tyrann gehasst, aber die Römer schätzten die exquisiten Spiele, die er ausrichtete.

«Schauspiele gab Domitian häufig mit großer Pracht und reicher Ausstattung», schrieb Sueton anerkennend. «Tierkämpfe und Gladiatorenkämpfe veranstaltete er selbst nachts bei Fackellicht. Hierbei traten außer Männern auch Frauen als Kämpfer auf.» Kaiser Trajan, der *optimus princeps*, der beste aller Herrscher, ein Mann, der nicht geistesgestört wie Caligula, sadistisch wie Claudius oder grausam wie Nero war, veranstaltete zur Feier seines Sieges über Dakien ein Spielespektakel von 123 Tagen, bei dem mehr als zehntausend Gladiatoren kämpften. Schriller, blutiger, mehr – das römische Publikum wurde immer gieriger und immer anspruchsvoller. Dabei hatte der Geschichtsschreiber Livius schon einige Zeit vor diesen Exzessen bestürzt festgestellt: «Die Sache entwickelte sich von einem gesunden Anfang zu diesem selbst für mächtige Reiche kaum noch erträglichen Wahnsinn.»

Es mag uns heute äußerst merkwürdig vorkommen, die Ursprünge eines Spieles als gesund zu bezeichnen, an dessen Ende reihenweise Leichen aus der Arena gezerrt wurden. Doch die *munera* hatten ihren Ursprung in der Religion und damit – zumindest für die Römer und zumindest am Anfang – eine spirituelle Berechtigung. Geschichtsschreiber berichten von einem ersten Gladiatorenkampf, der 264 vor unserer Zeitrechnung bei der Beerdigung eines Mannes namens Junius Brutus Pera stattfand. Drei Gladiatorenpaare, vermutlich Sklaven oder Kriegsgefangene, kämpften auf Leben und Tod gegeneinander. Das sollte nicht etwa die Trauergemeinde belustigen, sondern als eine Art Menschenopfer den Toten versöhnen. Der christliche Autor Tertullian bestätigt die Ursprünge und beschreibt gleichzeitig ein Stück der Psychologie, die hinter dem kultischen Töten steckte: «Die Alten glaubten, sie erwiesen den Toten mit diesem Schauspiel einen pflichtgemäßen Dienst. Denn einst opferten sie bei Begräbnissen Kriegsgefangene oder Sklaven von schlechter Körpergestalt, die sie dafür gekauft hatten. Man war überzeugt, die Seelen der Toten würden durch menschliches Blut versöhnt. Später fand man Gefallen daran, diese Ruchlosigkeit durch die Aufwertung zum Vergnügen zu verschleiern. Daher opferten sie Männer, die sie sich verschafft und in der Handhabung der damals verfügbaren Waffen möglichst gut ausgebildet hatten – allein zu dem Zweck, damit sie lernten, getötet zu werden. So tröstet man sich mit Morden über den Tod hinweg.»

Tertullian war Christ, ihn schreckte der Tod nicht, denn als Christ empfand er ihn als Erlösung vom irdischen und als Versprechung auf ein besseres, himmlisches Leben. Der Glaube der heidnischen Römer versprach kein Paradies nach dem Tod, sondern den Gang der Seele in die dunkle Unterwelt. Außerdem waren die Römer nicht das einzige Volk, das versuchte, die Toten mit Menschenopfern zu versöhnen und sich selbst dabei die Angst vorm Sterben zu nehmen. Der von den Puniern verehrte Gott Moloch verlangte die Opferung von Kindern. Bei Ausgrabungen in den Ruinen von Karthago wurden ganze Berge verbrannter Kinderskelette gefunden. Die Skythen, ein Nomadenstamm im nördlichen Schwarzmeergebiet, beerdigten die Diener eines Herrn und dessen Lieblingspferde lebendig in einer Art Massengrab. Bis in unsere heutige Zeit hielt sich unter Hinduisten in manchen abgelegenen Gegenden Indiens die Sitte der Witwenverbrennung.

Die Trauergäste der Beerdigung von Junius Pera dürften es kaum als abwegig empfunden haben, einem Gladiatorenkampf auf Leben und Tod beizuwohnen. In der Welt der Antike war der Tod nichts Abstraktes, sondern in seiner ganzen Erbarmungslosigkeit allgegenwärtig. Alte Menschen starben nicht in Sterbekliniken, sondern zu Hause, inmitten ihrer Familien. Die Bewohner der Armenquartiere hausten unter entsetzlichen hygienischen Bedingungen. Schreckliche Seuchen rafften die Menschen oft scharenweise dahin. Es dürfte kein allzu großes Aufsehen erregt haben, wenn in einer Gosse der Hauptstadt die Leiche eines ausgesetzten Neugeborenen lag. Auch waren zumindest die römischen Männer Gemetzel gewöhnt. Rom focht dauernd Kriege, jeder Mann hatte irgendwann einmal in seinem Leben an einer Schlacht teilgenommen. Ein wahres Schlachten war es in der Tat: Die Soldaten der Antike lagen ja nicht in Schützengräben und schossen auf weit entfernte Gegner. Oder feuerten Raketen aus Überschallflugzeugen ab, deren Detonation und vernichtende Wirkung sie nur auf dem Bildschirm verfolgten. Die Soldaten stachen sich gegenseitig mit Schwertern und Speeren nieder. Und was war schon dabei, einen Kriegsgefangenen oder Sklaven zu opfern? Ein Sklave war nur eine Sache. Und ein Kriegsgefangener hätte ja auch in der Schlacht fallen können. Dass er erst später zu Tode kam, konnte man allerhöchstens als kleinen, von den Göttern gewährten Aufschub betrachten.

Trotzdem sollte es genau fünfzig Jahre dauern, bis in den Chroniken römischer Geschichtsschreiber wieder ein Gladiatorenopfer auftaucht. Dieses Mal bei der Beerdigung eines berühmten Politikers namens Marcus Aemilius Lepidus, und dieses Mal, berichtet Livius, traten schon 22 Gladiatorenpaare gegeneinander an. Von jetzt an ging es buchstäblich Schlag auf Schlag. Immer häufiger fanden bei Beerdigungen auch *munera* statt, immer mehr Gladiatorenpaare kämpften und immer größer wurde die Begeisterung für das Spektakel. Selbst einige bei den Römern äußerst beliebte Theateraufführungen platzten, sobald das Gerücht auftauchte, dass irgendwo ein Gladiatorenkampf aufgeführt wurde. Es wäre ein wahres Wunder gewesen, wenn Roms ausgebuffte Politiker nicht entdeckt hätten, dass sie die Spiele hervorragend als Propagandamittel in ihren Wahlkämpfen einsetzen konnten.

Der Volkstribun Gaius Tiberius Gracchus, der der *plebs* zu ihrem Recht und den kleinen Bauern wieder zu ihrem Land verhelfen wollte, verstand wohl als Erster die ungeheure Bedeutung der *munera* für das Volk. Bevor Vespasian das Kolosseum bauen ließ, fanden die Gladiatorenspiele oft auf dem Forum Romanum statt, unter dessen Pflaster Archäologen unterirdische Zwinger und Hebevorrichtungen entdeckten. Für die vornehmeren Zuschauer wurden für die Spiele eigens Holztribünen errichtet. Am Vorabend eines offensichtlich besonders viel versprechenden Gladiatorenkampfes kam es fast zu einem Aufruhr. Die *plebs* empörte sich, weil sie hinter den Tribünen stehen sollte und deshalb nichts sehen konnte. Gracchus ließ in einer Nacht-und-Nebel-Aktion die Holzgestelle abreißen – und hatte so die Herzen der Masse im Sturm erobert.

Hier werden wir bald drei Tage lang erstklassige Gladiatorenspiele haben, die mein Freund Titus veranstaltet. Und mein Freund Titus ist großzügig und hitzköpfig, er wird uns die besten Fechter geben: kein Pardon, die Kampfunfähigen werden in aller Öffentlichkeit abgemurkst, damit's das ganze Publikum sehen kann. Der Norbanus neulich hat uns ja Gladiatoren vorgeführt – na, keinen Heller haben die getaugt. Einige waren Pappfiguren; man hätt sie für Hühner halten können. Einer schleppte sich wie 'n beladener Esel, der andere war ein Hinkebein, der dritte, der für den Toten eingesprungen ist, war schon selbst 'ne halbe Leiche. (Petronius)

Nur zwanzig Jahre später organisierten zwei Konsuln Spiele für das römische Volk. Damit hatten sie etwas Amtliches bekommen: Eine *munera* galt jetzt offiziell als Fest und wurde dementsprechend in den Kalender der Festtage aufgenommen. Dabei war der religiöse Ursprung der Gladiatorenkämpfe schon längst in den Hintergrund getreten. Jetzt rechtfertigte man sie mit dem Hinweis, sie stärkten den Kampfeswillen der Römer.

Der geniale und zugleich politisch so skrupellose Gaius Julius Caesar wusste es besser. Die Spiele waren ein hervorragendes Mittel zur Manipulation der Massen. Wer sie organisierte, wer Millionen von Sesterzen für wilde Tiere und Gladiatoren ausgab und vielleicht sogar ein paar verurteilte Verbrecher aufkaufte, die man in der Arena hinrichten lassen konnte, galt als großzügig. Als Freund des Volkes, der sich nicht über dessen niedrige Instinkte erhob, sondern die Lust an solch zweifelhaftem Vergnügen respektierte. Caesar verschuldete sich bis über beide Ohren, um *munera* ausrichten zu können – und man liebte ihn dafür. «Auf diese Weise brachte er das Volk dazu», schrieb Plutarch, «dass ein jeder Bürger nach neuen Ämtern und neuen Ehren suchte, mit denen man ihm seine Großzügigkeit vergelten konnte.»

Kaiser Augustus wäre nicht Caesars gelehrigster Schüler gewesen, hätte er nicht ebenfalls die Wirkung der *munera* begriffen. So ließen sich die Massen ablenken, so erkauften sich die Herrscher Popularität. Im Auftrag der Caesaren suchten Talentjäger im ganzen Reich nach jungen Männern, die draufgängerisch genug waren, sich einer Gladiatorenschule zu verpflichten. Fortan scheuten die Kaiser keine Mühe und keine Ausgabe, dem Hauptstadtpublikum das spektakulärste, ausgefallenste und teuerste Spektakel zu bieten.

Panem et circenses

Die Masse will nur noch eines, schrieb Juvenal abfällig, *panem et circenses*, Brot und Spiele. Der Vorwurf war so klar wie böse: Das römische Volk hatte sich korrumpieren lassen; es hatte seine in der *res publica* garantierte Freiheit und seine Teilnahme an der Politik zugunsten von Müßiggang und einer perversen Freizeitbeschäftigung verkauft. Für kostenlose Getreideverteilungen und voyeuristische Exzesse.

Tatsächlich verzeichnet ein Kalender aus dem 4. Jahrhundert nach Christus ganze 176 Spieltage im Jahr. Die wenigsten davon waren allerdings Gladiatorenkämpfe, unter den Begriff Spiele fielen auch Wagenrennen im Circus Maximus und Theateraufführungen. Nicht, dass diese Freizeitbeschäftigungen besonders kultiviert gewesen wären. Auf den Bühnen der Hauptstadt wurden eher alberne Possen über Ehebruch und Betrug gezeigt, teilweise gepfeffert mit pornographischen Anspielungen, in vulgärem Latein, mit möglichst viel Knalleffekten auf der Bühne. Sex & Crime eben, künstlerisch eine Mischung aus Komödienstadl und RTL 2. Aber das römische Publikum verfolgte jeden Auftritt und jede Affäre seiner Lieblinge. Die Römer brauchten keine Klatschzeitungen – es war Tagesgespräch, wenn der Mime Mnester gleichzeitig eine Affäre mit Kaiser Caligula und einer verheirateten Dame der Oberschicht unterhielt. Sie kannten keine Kinos und kein Fernsehen, dafür entschädigte sie das Theater, das heutigen Hollywood-Shows an Glamour und Aufwand wenig nachstand. In manchen Theateraufführungen wurden lebende Maulesel auf die Bühne gezerrt. Wenn eine Schlacht aufgeführt wurde, traten Horden von Soldaten in voller Ausrüstung auf. Auch der Starrummel war den Römern nicht fremd: «Wenn der weibische Bathyllus die ‹Leda› tanzt, machen sich manche Damen vor Aufregung in die Hosen», schrieb Juvenal über die Groupies der römischen Schauspieler. «Andere schreien und verdrehen die Augen. Wenn aber der Vorhang sinkt und das Theater verschlossen ist, dann schleppen die Damen wehmütig die Souvenirs ihrer Angebetenen. Zum Beispiel die Maske oder die Unterhosen des Mimen Accius.»

Höhepunkte des gesellschaftlichen Lebens aber waren die Pferderennen im Circus Maximus und Eintrittskarten dementsprechend schwer zu bekommen. Die ganze Nacht lang stellten sich die Fans vor dem Kassenhäuschen des Circus Maximus an, wenn am nächsten Tag ein Rennen stattfinden sollte. Gebannt verfolgten sie das Geschehen, tauschten Fachsimpeleien über die Pferde und Wagenlenker aus, kreischten auf, wenn ein besonders wagemutiges Überholmanöver gelang. Tertullian konnte sich nur in unverhohlenem Ekel von der brodelnden Masse im Circus abwenden: «Sieh dir das Volk an, wie es zu diesem Schauspiel schon unter Raserei hinkommt, schon lärmend und tobend, schon in heller Aufregung durch die Wetten. Von daher kommt es zu Schmähungen und Schimpfwörtern ohne wirklichen Grund für Hass, auch zu Anfeuerungsrufen ohne wirklichen Grund für Zuneigung. Sie sind traurig über fremdes Unglück und freuen sich über fremdes Glück.»

Wagenrennen waren die Formel 1 der Antike mit allem Drumherum: Vor dem Circus Maximus traten sich die Verkäufer von Grillwürstchen oder Souvenirs gegenseitig auf die Füße. In der Arena, die an die 150000 Menschen fassen konnte, teilte sich die Masse in Fankurven der Anhänger einer bestimmten Fraktion. So wie es bei der Formel 1 Anhänger der Mercedes-Silberpfeile und Mikka Häkkinens und Anhänger der Roten von Ferrari mit Michael Schumacher gibt, feuerten die Römer fanatisch die Farben ihrer Rennställe an: Rot, Blau, Grün und Weiß. «Den Dress beklatschen sie und nur der Dress zählt», bemerkte Plinius. Wie heute wurden Profis zu horrenden Summen von der Konkurrenz eingekauft; wie die Profis von heute verdienten die Wagenlenker im Circus Unmengen von Geld. Ein Fahrer der Roten, berichtet Juvenal, «brachte es auf ein Einkommen von hundert Rechtsanwälten». Dafür boten die Fahrer Nervenkitzel, wenn sie mit ihren vierspännigen Wagen siebenmal die Bahn umrundeten, die Gegner auch mit unfairen Mitteln ausschalteten, oder wenn gar, unter Geschrei und Gejohle des Publikums, bei einer Karambolage die Wagen umstürzten, ein Fahrer den Dolch aus dem Gürtel ziehen und die Zügel durchschneiden musste, um nicht meterweit über die Bahn geschleift zu werden. Alt wurden die Wagenlenker meist nicht. Die Unfälle in der Rennbahn endeten oft genug tödlich.

Für die grüne Partei der Wagenlenker hatte Kaiser Caligula eine besondere Vorliebe. Sie ging so weit, dass er häufig in deren Klubhaus aß oder sogar übernachtete. Wenn sein eigener Hengst *Intricatus*, der Heißsporn, vor einem Rennen stand, dann ließ er in der Nacht zuvor der ganzen Nachbarschaft durch Soldaten befehlen, jeglichen Lärm zu vermeiden. Außer einem Stall aus Marmor, nebst elfenbeinerner Krippe, purpurnen Decken und mit Edelsteinen besetztem Zaumzeug, gab er *Intricatus* noch einen eigenen Palast mit Dienerschaft und Hausrat, um die von ihm eingeladenen Gäste mit ganz besonderer Pracht empfangen zu können. Es heißt sogar, er habe seinen Hengst zum Konsul machen wollen. (Sueton)

Zahlreiche Mosaiken in römischen Privathäusern sind bleibendes Zeugnis dafür, wie wichtig den Römern ihre Freizeitgestaltung war. Sie zeigen Theaterszenen und Wagenlenker, Gladiatorenspiele und Tierhetzen. Vor allem in Pompeji erhaltene Graffiti auf Häuserwänden beweisen die Verehrung der Fans für «ihren» Wagenlenker oder Gladiator: «Kämpfe, Gangens, der Kaiser blickt auf dich!», heißt es da. Oder über einen unbekannten Helden des Kolosseums: «In allen Gladiatorenkämpfen hast du gesiegt; es ist das siebte Weltwunder.» Wer seinen Mut und sein Können so unter Beweis stellte wie die Wagenlenker des Circus Maximus, wer sein Leben riskierte wie die Gladiatoren, dem lagen auch die Frauen zu Füßen: Ein gewisser Crescens, der in mehreren pompejischen Graffiti verewigt wurde, muss dabei einen besonderen Charme versprüht haben: «Crescens, Crescens, der Herr der Mädchen», beschreibt ein Graffito die Wirkung des Gladiators auf seine Verehrerinnen. Oder: «Der *retirarius* Crescens ist der Herr der Puppen.» Dem Charme der verwegenen Kerle, dem Reiz, den das Spiel auf Leben und Tod ausübte, konnten offensichtlich gerade die vornehmen Damen der Gesellschaft kaum widerstehen. Bei Ausgrabungen der Gladiatorenschule in Pompeji wurden in zwei Zellen achtzehn männliche Skelette gefunden. Und ein weibliches, das mit teurem Schmuck behängt war. Offensichtlich hatte der Ausbruch des Vesuv eine Dame der gehobenen Gesellschaft beim Schäferstündchen mit ihrem Lieblingsgladiator überrascht.

Dr. Jekyll und Mr. Hyde

Doch wie konnte eine Gesellschaft, die so tiefsinnige Literatur hervorbrachte und ein Rechtswesen entwickelte, das über Jahrhunderte vorbildlich blieb, gleichzeitig grausame Hinrichtungen bejohlen? Wie konnte ein Volk, das wahre Meisterwerke der Architektur errichtete, sich gleichzeitig bei öffentlichem Mord- und Totschlag verlustieren? Das Kolosseum wurde so etwas wie ein sichtbares Zeichen einer offensichtlich schizophrenen Gesellschaft, die eine kultivierte Seite zeigte wie Dr. Jekyll und eine monströse wie Mr. Hyde in der berühmten Geschichte von Robert Louis Stevenson: Es war mit den tollsten technischen Finessen ausgestattet. Es verfügte über ein genial ausgetüfteltes System von Sonnensegeln, das von mehr als tausend Marinesoldaten bedient werden musste. Zweimal im Jahr wurden die Matrosen von ihrem Stützpunkt in Misenum abkommandiert, um die Segel zu Beginn der heißen Jahreszeit zu hissen und um sie rechtzeitig vor den Herbststürmen wieder einzuholen. Bis heute zerbrechen sich Ingenieure und Architekten die Köpfe darüber, wie die *velaria*, die Sonnensegel, genau funktioniert haben könnten. Doch all dieser hoch entwickelte technische Aufwand diente nur dazu, die Zuschauer vor einem Sonnenbrand zu bewahren, wenn in der Arena das Blut floss.

Die Römer hätten diese Gesellschaftskritik gar nicht verstanden. Nur wenige erregten sich über die Schauspiele. Der Philosoph Seneca äußerte sich abfällig über das Toben der Massen in den Arenen. Aber nicht, weil er die Aufführungen so unmoralisch gefunden hätte, sondern weil er als Stoiker derartige Wogen der Leidenschaft für unkultiviert erachtete. Vermutlich hätten sich die Römer auch über den von so vielen Historikern wiederholten Vorwurf Juvenals empört, dass sie typische Vertreter einer Spaßgesellschaft gewesen seien, die ihre Arbeit von Sklaven verrichten ließen, während sie selbst faul von kostenlosen Getreidezuteilungen lebten und den Tag im Kolosseum verbummelten.

Sicher: Circus Maximus, Kolosseum und die großen Theater fassten insgesamt eine riesige Menge von Zuschauern. Zeitgenossen berichten, dass die Stadien, Arenen und Theater meist bis auf den letzten Platz gefüllt waren. Doch wenn die Römer tatsächlich tagein, tagaus zu den Spielen geströmt wären, hätten selbst die gigantischsten Gebäude diese Massen gar nicht fassen können: Rom war eine Millionenstadt, in der sich obendrein beständig Touristen tummelten – nicht zuletzt, um das abwechslungsreiche Kulturleben der Hauptstadt zu genießen. Der Großteil der Bevölkerung lebte auch nicht von den kostenlosen Getreidezuteilungen, der Sozialhilfe der Antike, welche laut Statistik der Herrscher die Menge von etwa 100 000 Rationen nicht überschritt. Ein

Während Kaiser Nero sang, durfte niemand, auch nicht aus zwingenden Gründen, das Theater verlassen. Man erzählt sich, dass Frauen während der Vorstellungen niederkamen und dass viele Männer, die es satt hatten, ihn bewundern zu müssen und da die Tore des Theaters zugeriegelt wurden, heimlich von den Mauern sprangen oder sich tot stellten, um sich als Leichen aus dem Theater tragen zu lassen. (Sueton)

Scheffel Weizen hätte ohnehin nicht genügt, eine ganze Familie zu ernähren. Die meisten Römer gingen also vermutlich einer geregelten Arbeit nach. Sie kannten keine arbeitsfreien Wochenenden oder gesetzlich garantierten Urlaub. Eine Anzahl von 176 Spieltagen im Jahr klingt nach beständigem Vergnügen. Berücksichtigt man, dass das antike Rom bei weitem kein so mannigfaltiges Freizeitangebot kannte wie wir heute mit unseren Fußballstadien und Sportanlagen, mit Kino, Theater und Fernsehen, dann reduzieren sich die Vergnügungsangebote für Römer beträchtlich. Sie nutzten ihre Freizeit reichlich in den Theatern und Thermen, bei Gastmählern, Gladiatorenkämpfen oder Wagenrennen. Doch quantitativ kamen sie im Wesentlichen nicht auf mehr freie Tage als unsere heutige Gesellschaft.

Aber zählt nicht auch die Qualität der Veranstaltungen? Hatten sie sich nicht ihre politische Mündigkeit für den Preis blutrünstiger Spektakel abkaufen lassen? Waren sie nicht wirklich ein Pöbel, der den Mächtigen zujubelte, solange diese nur genügend Ablenkung boten?

Das alte Spiel von gut und böse

Der Redner und republikanische Politiker Cicero, ein Mann völlig unverdächtig sadistischer Neigungen, schwärmte geradezu von den Gladiatorenspielen. «Die Gladiatoren, so verruchte, verlorene und barbarische Menschen sie sein mögen, welche Kampfschläge sie doch auszuteilen vermögen! Auf welche Weise sie Schläge empfangen können!» Auch verruchte Menschen können beweisen, so Cicero, dass sie echt römische Ehre im Leibe haben, weil sie «Disziplin und Gleichmut gegen den Schmerz und den Tod zeigen». Für ihn spielte sich bei den *munera* nicht nur ein Spektakel zur Befriedigung der niedrigsten Triebe der Massen ab, sondern das alte Spiel zwischen gut und böse. Zwischen den soldatischen römischen Werten und den Outcasts, den Außenseitern der Gesellschaft. Die in seinen Augen faire Chance lag darin, dass die Gladiatoren wenigstens durch heldenhaftes Kämpfen zu «Guten» werden konnten. Das galt ganz gewiss für jene, die als verurteilte Verbrecher in die Arenen des römischen Imperiums geschickt wurden. Aber auch für die Profis. Gladiatoren waren nicht automatisch Kriegsgefangene, Sklaven oder Kriminelle. Viele verpflichteten sich freiwillig, weil sie schiere Abenteuerlust trieb, weil sie auf diese Weise schnell berühmt werden und viel Geld verdienen konnten – wenn sie nur die Kämpfe überlebten. Ihr gesellschaftliches Ansehen konnte schlechter nicht sein. Nur «Barbaren» oder zweifelhafte Charaktere würden sich freiwillig auf den Boden der Arenen begeben, und wer es wagte, dem wurden die Bürgerrechte entzogen. Und doch galten sie als Helden, wenn sie mutig und geschickt kämpften. Der Beifall und die Bewunderung, die sie nach oft jahrelangem hartem Training in den Gladiatorenschulen endlich beim echten Kampf erringen konnten, müssen ihren Reiz gehabt haben. Es sind Fälle von Gladiatoren überliefert, die ihre Karriere beendeten und sich dann nach einer kurzen Zeit des Rentnerdaseins wieder einer Gladiatorenschule verpflichteten. Oder von Gladiatoren-Sklaven, die nach vielen erfolgreichen Auftritten mit der Freilassung belohnt wurden und sich dann doch wieder in die Gladiatur verkauften.

Moderne Forscher haben ein beträchtliches Stück Abstand von der reinen Abscheu genommen, die so viele Kulturhistoriker jahrhundertelang für die dunkle Seite der römischen Zivilisation empfanden. Die Kämpfe, glaubt der Althistoriker Egon Flaig, spiegelten auch «die Wunsch- und Angstbilder (…) von denen eine Kultur obsessiv beherrscht wird». Bei den Tierhatzen erwehrten sich die Römer symbolisch noch immer einer wilden Umwelt und einer erbarmungslosen Natur jenseits der Grenzen der römischen Zivilisation. Die *munera* demonstrierten die militärisch geprägten Werte, die Tugend des Soldaten. Da unten in der Arena, meint Flaig, focht das Ideal des römischen Soldaten, der Einzelkämpfer mit dem Schwert.

Das Bild vom willenlosen Pöbel, der sich durch die Spektakel manipulieren ließ, wurde beträchtlich revidiert. Die Ränge im Kolosseum spiegelten ein Bild der hierarchischen römischen Gesellschaft wider. In den unteren Rängen, auf Höhe der kaiserlichen Loge, saßen die Senatoren und sonstige Würdenträger mit ihren purpurverbrämten Togen. Eine Reihe darüber die Ritter und im dritten Rang schließlich das Volk. Alle angetan in der weißen Toga, ihrem Festtagsgewand. In die obersten Ränge wurden die Frauen verbannt und die Fremden, die schon durch ihre bunte Kleidung herausstachen – was ein ganz starkes Gefühl der Identifikation hervorgerufen haben muss. Das helle, weiße Publikum war Rom, «wir», die Guten. Unten in der Arena mussten die Außenseiter beweisen, dass sie sich durch Tapferkeit und Todesverachtung des Beifalls oder der Gnade Roms würdig erwiesen.

Auch waren Arenen, Bühnen und Stadien durchaus Orte der politischen Meinungsäußerung. Roms Theaterpublikum war für seine Respektlosigkeit berüchtigt. Wie die heutigen Stand-up-Comedians improvisierten sie im Theater Spottverse auf die Herrschenden oder sangen bei den mit Musik untermalten Bühnenspielen umgetextete ironische Gassenhauer. Die Arenen und Bühnen waren Ort einer Art gigantischer Meinungsumfrage und gleichzeitig Ersatz für die Volksversammlungen der *res publica,* in denen die Politiker sich dem Volk zu stellen hatten. Der Kaiser und sein Gefolge waren verpflichtet, zu den Spielen zu erscheinen, und das Publikum betrachtete eingehend das Benehmen seines Herrschers und jedes seiner Getreuen. Am Applaus oder am Buhen und den Pfiffen des Publikums für ihn oder einen seiner Berater konnte der Kaiser genau erkennen, wer in der Gunst des Volkes stand, wen er fördern durfte und wen er besser aus der Schusslinie der Öffentlichkeit herausnahm. Zuweilen nutzten die Römer die Theater, Wagenrennen oder Gladiatorenspiele sogar für Protestdemonstrationen. Josefus Flavius, der jüdische Widerstandskämpfer, der sich zu einem so genauen Beobachter der römischen Sitten entwickelt hatte, stellte fest: «Die Wagenrennen erfreuen sich bei den Römern größter Beliebtheit. Sie kommen mit Eifer im Circus zusammen und erbitten, in Menge versammelt, von den Kaisern, was sie wünschen.» Tacitus wiederum berichtet von einem Aufruhr, der Kaiser Tiberius galt. In Rom herrschte Getreideknappheit – die *plebs* wurde von Tag zu Tag unzufriedener mit der Schlampigkeit und Ineffizienz der Behörden. «Die Forderungen wurden im Theater mehrere Tage heftiger und ungestümer erhoben, als es sonst gegenüber dem Kaiser der Fall war. Das ging knapp am offenen Aufruhr vorbei!» Tiberius sah sich gezwungen zu handeln. Die Getreideknappheit konnte er zwar nicht mit einem Schlag beheben – immerhin erforderte es einiges an Logistik, eine Millionenstadt mit den notwendigen Nahrungsmitteln zu versorgen. Aber er schickte seine Public-Relations-Manager, die der *plebs* klar auseinander zu setzen hatten, dass die Organisation der Getreidezufuhr unter seiner Herrschaft viel besser war als unter der seines Vorgängers Augustus. Und bei den Gladiatorenspielen wurde die übliche Hierarchie von Herrscher und Beherrschten einmal umgedreht: Hier hatte der Kaiser dem Volk das Urteil über Leben und Tod zu überlassen. Die römischen Caesaren waren oft genug willkürliche Tyrannen. Sie zauderten selten, Unschuldige den Bestien vorwerfen zu lassen oder unbescholtene Bürger in die Gladiatur zu schicken. Aber kein Kaiser hätte es gewagt, ein Urteil über einen Gladiator gegen den Willen der Massen auszusprechen. Wenn das Volk einen Kämpfer begnadigte, dann hatte auch der Kaiser zu begnadigen. Und wenn das Volk zu töten wünschte, dann hatte der Kaiser den Befehl zum Töten zu geben.

Rom versicherte sich in der Arena also seiner Grundwerte; es spielte das alte Spiel «wir Guten gegen den Rest der bösen Welt» nach, und es nutzte diese Art von Öffentlichkeit als Mittel der politischen Kundgebung. Aber mussten all diese Aufgaben wirklich er-

«Man kann natürlich sagen, dass es doch gut ist, wenn Schuldige bestraft werden. Wer könnte das, außer den Schuldigen, bestreiten? Wer aber verbürgt sich mir dafür, dass es immer Schuldige sind, die zum tödlichen Kampf mit wilden Tieren oder einer anderen Todesstrafe verurteilt werden, dass eine solche Strafe nicht auch einen Unschuldigen trifft? Sei es aufgrund der Rachsucht des Richters, sei es wegen der Schwäche der Verteidigung, sei es infolge der mit Foltern durchgeführten gerichtlichen Untersuchungen. Und was ist das für eine Praxis, dass man als Strafe für ein Vergehen zum Mord an Menschen fortschreiten lässt!» (Tertullian)
Als Quintus Septimius Florens Tertullianus vermutlich im Alter von etwa 40 Jahren zum Christentum übertrat, entwickelte er sich schnell zu einem rigorosen, fanatischen Verfechter seines neuen Glaubens. Er wurde zwischen 150 und 155 n. Chr. als Sohn eines römischen Hauptmanns in Nordafrika geboren und war offensichtlich umfassend gebildet. Was zu seinem Glaubenswandel führte, wissen wir nicht. Überliefert ist nur, dass er wegen seiner puritanischen Auffassungen sogar von der damals in Nordafrika stark entwickelten katholischen Kirchengemeinde abgelehnt wurde. Er schrieb eine Reihe von theologischen Abhandlungen, auch Predigten gegen das Heidentum oder die Eitelkeit der Frauen. Tertullian starb etwa 220 n. Chr.

ledigt werden, während Kriminelle auf grausame Weise hingerichtet wurden und Gladiatoren sich gegenseitig niedermetzelten? Brauchte es ein blutrünstiges Spektakel dazu?

In der Tat ist es heute schwierig, diese dunkle Seite der römischen Zivilisation zu verstehen. Die grausame Sitte der Gladiatorenspiele hörte erst auf, als sich mit dem Christentum eine neue Wertegemeinschaft im römischen Imperium etabliert hatte. Aber dieselbe Wertegemeinschaft, die die Gladiatorenspiele so vehement ablehnte (nicht zuletzt, weil Christen oft selbst Opfer der öffentlichen Hinrichtungen wurden), ergötzte sich ein paar Jahrhunderte später an den Grausamkeiten der Inquisition und der Hexenjagd. Im Namen einer Religion, die doch Gerechtigkeit und Barmherzigkeit predigte, wurden Tausende von Menschen auf sadistische Art zu Tode gefoltert, gevierteilt oder auf Scheiterhaufen verbrannt. Der Pöbel sah den öffentlichen Hinrichtungen fasziniert zu.

Die Französische Revolution sollte endlich Schluss machen mit der Tyrannei der absolutistischen Herrscher, mit deren Willkür, Dekadenz und Verschwendungssucht. Die französischen Revolutionäre sahen sich als geistige

Kinder der Aufklärung, die die Menschheit endlich aus dem Dunkel der Unmündigkeit herausführen wollte. Sie propagierten die hehren Ideale Freiheit, Gleichheit und Brüderlichkeit. In aller Brüderlichkeit ließen sie erst ihren Feinden den Kopf abschlagen und schließlich auch den Verbündeten, nachdem sie sie erst einmal zu Feinden erklärt hatten. Und das Volk delektierte sich daran, wenn die auf allen Marktplätzen Frankreichs aufgestellten Guillotinen Tausende von Köpfen in den Sand rollen ließen. Heute sehen sich die Vereinigten Staaten als Vorreiter der Demokratie in der ganzen Welt. Nur mag sich die Speerspitze der Demokratie nicht dazu durchringen, die in einigen Bundesstaaten immer noch geltende Todesstrafe endlich abzuschaffen. Im Gegenteil. Schon längst gibt es Diskussionen, ob die Öffentlichkeit nicht an der Hinrichtung besonders berüchtigter Schwerverbrecher teilnehmen dürfte.

Vielleicht wundern sich Kulturwissenschaftler in ein paar Jahrhunderten auch über unsere europäische Zivilisation. Vielleicht rätseln sie, warum Gesellschaften, die zu hoch entwickelten Leistungen wie der Erfindung der Computer, des Internets und des Überschallflugzeuges fähig waren, gleichzeitig eine so ausgeprägte Vorliebe für virtuelle Gemetzel zeigten. Vielleicht bleiben von unserer Gesellschaft nicht die Filme übrig, die in unseren Programmkinos gezeigt werden. Sondern Videospiele, bei denen die Gegner reihenweise abgeschossen und Splatterfilme, in denen die Menschen möglichst blutig, grausam und spektakulär zu Tode gebracht werden.

Die Gladiatorenspiele legen sicherlich Zeugnis für die schreckliche Seite einer so hoch entwickelten Kultur wie der römischen ab. Aber sie sind auch ein weiterer Beweis, dass eine zivilisierte Gesellschaft ganz und gar nicht gegen die Lust am Grausamen gefeit ist.

Wie die Römer den Tod feierten

Es war ein unerhörtes gesellschaftliches Ereignis, wenn ein prominenter Römer starb. Denn dann fand wenige Tage später die *pompa funebris*, der Leichenzug, durch die Straßen Roms statt. Die Prozession führte oft mehrere Kilometer lang vom Haus des Verstorbenen zum Forum Romanum. Dass der Verkehr in den ohnehin ständig verstopften Straßen Roms mit einer *pompa* völlig zum Erliegen kam, nahmen die Römer in Kauf. Eine *pompa funebris* war viel zu wichtig, um nicht alles stehen und liegen zu lassen und sich das Spektakel anzusehen.

An der Spitze des Zuges liefen Hornbläser und Flötisten, gefolgt von gemieteten Klageweibern. Um die Echtheit ihrer Trauer zu bezeugen, trugen viele sogar kleine Schüsselchen, in denen sie die Tränen auffingen. Tänzer und Schauspieler, von denen einer die Maske des Toten trug, ahmten die Eigenheiten und Verschrobenheiten des Verstorbenen nach und erweckten ihn so gewissermaßen noch einmal zum Leben. Der erste Teil des Zuges hatte durchaus etwas Komisches, denn auch derbe Scherze über den Toten waren erlaubt. Nach den Schauspielern folgte der würdige Part: die Angehörigen des Clans, die weithin sichtbar auf einem hohen Wagen saßen. Sie hielten die Wachsbüsten ihrer Vorfahren in den Händen. Diese *imagines* wurden – zumindest in den Patrizierhäusern – in einem Schränkchen oder einer Nische aufbewahrt. So waren die Ahnen beständig präsent. Nur für eine Beerdigung nahm man die *imagines* heraus, nicht zuletzt, um zu demonstrieren, auf welch bedeutende Vorväter ein Clan zurückbli-

Der Vorwurf des Geizes blieb an ihm (Vespasian) haften. Selbst bei seinem Leichenbegängnis fragte Favor, der Vorsteher der Pantomimen, der in der Maske des Kaisers auftrat und, wie es Sitte ist, seine Gewohnheiten nachahmte, ganz laut, als würde Vespasian noch leben, wie hoch die Kosten für das Begräbnis und den Leichenzug zu stehen kämen. Auf die Antwort: «Zehn Millionen Sesterzen» rief er vor aller Öffentlichkeit aus: «Gebt mir hunderttausend und werft mich meinetwegen in den Tiber!» (Sueton)

cken konnte. Danach folgte der Leichenwagen oder die Totenbahre, die von den nächsten Angehörigen getragen wurde, und weitere nahe Familienmitglieder, die zu diesem Anlass dunkle Togen trugen.

Der wichtigste Teil aber war die *laudatio,* die Leichenrede, die meist auf dem Forum Romanum gehalten wurde. Sie war eine Gelegenheit, den Toten noch einmal zu preisen und natürlich auch die Verdienste der Familie in den Vordergrund zu rücken. Und sie stellte, wenn ein *pater familiae* gestorben war, mit dem Redner offiziell das neue Familienoberhaupt vor. Der Geschichtsschreiber Sueton misst diesem Ereignis so viel Bedeutung zu, dass er in jeder seiner Kaiserbiographien erwähnt, in welchem Alter der Betreffende die Leichenrede auf seinen Vater oder auch Adoptivvater hielt, und wie würdig er sich dabei benahm.

Das Gesetz erlaubte Bestattungen nur außerhalb des *pomerium,* der heiligen Grenze der Stadt – wobei die Römer die Feuerbestattung bevorzugten. Trotzdem wurden die Verstorbenen nicht auf einen möglichst entlegenen Ort abgeschoben. Die prachtvollsten Grabmäler – mit denen reiche Römer noch einmal ihre Bedeutung unterstrichen – befinden sich an der Hauptverkehrsader des alten Rom, der Via Appia. So nahmen die Toten an der Geschäftigkeit der Lebenden teil. Manche Grabinschriften forderten die Reisenden geradezu zur Betrachtung auf: «Wanderer, wer du auch bist, lass kurz dein Auge hier verweilen, dass du den Namen erfährst, den dieses Denkmal verrät», heißt es auf einem Grabmal an der Via Appia. Friedhöfe waren auch keine einsamen Orte. Am Geburtstag der Verstorbenen, während der Tage der offiziellen Gedächtnisfeiern, den *dies parentales,* im Februar, besuchten die Angehörigen die Gräber, sie legten den Toten Essen ans Grab und hielten selbst auch Picknicks ab. Weswegen in der Nähe oder gar auf den Friedhöfen selbst eine Reihe von Garköchen mobile Imbisse betrieben.

Die Ärmeren konnten sich natürlich keine so prachtvollen

Grabmäler leisten wie den berühmten Prunkbau der Caecilia Metella an der Via Appia. Oder wie das Mausoleum des Eurysaces, eines Bäckers, der sich ein Monument in Form eines Backofens errichten ließ. Oder gar wie das Grabmal von Kaiser Hadrian, die Engelsburg, die später durch einen unterirdischen Gang mit dem Vatikan verbunden wurde und als Fluchtburg der Päpste diente. Der Durchschnittsrömer zahlte zu Lebzeiten in eine Sterbekasse ein und kaufte sich damit eine Begräbnisstätte, meist in einem *columbarium,* das seinen Namen von *columba,* der Taube, erhielt. Denn die *columbaria* sahen aus wie überdimensionale Taubenschläge. In zahlreichen Nischen, die sich mehrere Stockwerke hoch türmten, wurden die Urnen mit der Asche der Verstorbenen gestellt, versehen mit einem Täfelchen, das Auskunft über den Toten gab. Inzwischen wurden eine Reihe von *columbaria* ausgegraben, aus denen sich viele Rückschlüsse auf das tägliche Leben der Römer ziehen lassen, denn oft sind Berufsbezeichnungen angegeben. Sie verraten uns auch, dass lang gediente Sklaven durchaus in den Grabstätten ihrer Herrschaft beigesetzt wurden. Nur die Ärmsten der Armen wurden einfach in Massengräbern verscharrt.

Seine grausame und zähe Natur zeigte sich bei (Kaiser) Tiberius schon im Knabenalter. Sein Lehrer in Rhetorik war der erste, der sie scharfsinnig durchschaute und mit einem treffenden Bild zu bezeichnen pflegte. Wenn er ihn schalt, nannte er ihn «einen mit Blut gekneteten Lehmkloß». Sein Tod versetzte das Volk in einen solchen Freudentaumel, dass auf die erste Nachricht hin alles auf die Straßen lief und rief: «*Tiberium in Tiberim* – In den Tiber mit Tiberius!» (Sueton)

Erst die Christen ließen sich in unterirdischen Grabmälern, den Katakomben, bestatten. Nicht, weil sie sich auch im Tod noch verstecken mussten. Sondern weil der Tod für die Christen ja nur ein Übergang in eine neues, glücklicheres Leben im Paradies ist. Es gab für Christen also keinen Grund, wie für die heidnischen Römer, den Toten mit allerlei Ritualen «am Leben zu erhalten».

NACHWORT: WIE UNS DIE ANTIKE ERHALTEN BLEIBT

Papst Pius IV. ließ noch im 19. Jahrhundert Steine aus dem Kolosseum herausschlagen, um christliche Bauwerke zu verschönern. Und setzte damit nur fort, was schon Jahrhunderte gang und gäbe war: die steinernen Hinterlassenschaften der Antike zu zerstören, um Neues zu errichten. Der Marmor der Basiliken und Tempel am Forum Romanum wurde Stück für Stück abgetragen und in die barocken Brunnen integriert, mit denen die Päpste Rom schmückten; die Tür der Kurie, hinter der jahrhundertelang der Senat tagte, ist heute das Eingangstor der Kirche San Giovanni in Laterano.

Dabei zeigten die päpstlichen Herrscher, die Fürsten der Renaissance und die Könige Italiens durchaus Gefallen an der Schönheit der Antike. Als das «dunkle Mittelalter» erst einmal vorüber war und halb nackte Menschen nicht mehr das Schamgefühl der Christenheit verletzten, galt es als äußerst kunstsinnig, die einstmals bunt bemalten und durch Wasser, Sand und Erde weißgewaschenen Statuen berühmter Römer und Griechen oder ihrer Götter in den Residenzen zur Schau zu stellen. Durch die Freude am Schönen wurde Pompeji entdeckt.

Maria Amalia Christine, Tochter des sächsischen Königs und Frau des Königs von Sizilien, war bezaubert von den Statuen, die ein General d'Elboef zufällig am Fuße des Vesuv gefunden hatte. Sie wollte mehr und so befahl der König, weiter zu graben. Man bohrte eher willkürlich im Lavagestein – und stieß im Jahr 1738 auf die Bühne des Theaters von Herculaneum, der zweiten Stadt neben Pompeji, die vom Ausbruch des Vesuv verschüttet worden war. Danach beschloss man, dort zu graben, wo Gelehrte Pompeji vermuteten. Anfang April 1748 begann das Unternehmen, etwa zwei Wochen später fand man ein Skelett, dessen Händen ein paar Gold- und Silbermünzen entfallen waren. Offensichtlich hatte dieser

Pompejaner versucht zu flüchten, als ihn die giftigen Schwefeldämpfe erstickten.

Das Unglück der Pompejaner war unser Glück. Herculaneum wurde von einer langsam sich heranwälzenden Lavawelle erstickt – was den Bewohnern Zeit genug zur Flucht gab. Auf Pompeji aber rieselte erst Asche herab, dann Lapilli, kleine vulkanische Steinchen, die jedoch immer größer wurden, bis große Bimssteine vom Himmel fielen und schließlich Schwefeldämpfe die Luft erfüllten. Die Bewohner begriffen nur langsam die Gefahr, die ihnen drohte – und als sie sie begriffen, war es zu spät zur Rettung. So blieb uns mit Pompeji eine Stadt erhalten, die mitten aus dem Leben gerissen wurde. In den Bäckereien der Stadt steckte noch Brot in den Öfen, in den Tavernen lag das Geld der Gäste auf den Theken. Unter den hart gewordenen Lapillimassen ruhten Menschen, genau wie sie vom Ascheregen überrascht wurden – und so wie die geniale Idee eines Forschers, die Umrisse mit Gips auszufüllen, sie wieder zum Vorschein brachte: schlafend, flüchtend, beim Essen, in den Armen eines Liebhabers. An einem Sommertag des Jahres 79 unserer Zeitrechnung erstarrte von einem Moment zum anderen eine Lebenswelt, die für 1700 Jahre verschwinden sollte, um dann langsam wieder aufzutauchen.

Anders als andere große Zivilisationen war die römische Antike auch vor der Entdeckung Pompejis nicht in Vergessenheit geraten. Gelehrte studierten immer wieder die Schriften der großen Griechen und Römer. Im Mittelalter blieb dieses Wissen nur den wenigen Menschen vorbehalten, die lesen und schreiben, obendrein Latein und Griechisch verstehen konnten – meist Mönchen. Erst in der Renaissance entdeckte eine breitere Öffentlichkeit jenseits der Klostermauern die Schriften der Antike wieder und versuchte, ein Wissen neu zu beleben, das die Alten schon besessen hatten: in den Naturwissenschaften, in der Technik und, mit dem Vorbild der *res publica* vor Augen, sogar in der Politik. Dabei war zu diesem Zeitpunkt über neunzig Prozent der römischen Literatur schon unwiederbringlich verloren. Manches Werk geriet bereits in der Antike in Vergessenheit, wurde nicht neu aufgelegt und verbreitet. Anderes, nur noch in wenigen Buchrollen Vorhandenes, wurde vielleicht bei Bibliotheksbränden zerstört. Vieles erachtete man später nicht mehr für wichtig genug oder gar als zu gefährlich oder obszön, um es von Mönchen abschreiben und verwahren zu lassen. Und selbst die vorhandenen Schriften informieren uns nur in Bruchstücken.

Selten zeichneten Völker in ihren Geschichtsbüchern auf, was sie für alltäglich, nicht nennenswert, banal hielten. Kein alter Römer kam auf die Idee, eine «Sozialgeschichte des römischen Imperiums» zu verfassen, die das Schicksal der römischen Massen behandelt hätte, die nicht als Individuen an der Politik beteiligt waren. Außerdem wissen wir nicht, wer die Quellen dieser Quellen waren. Welches Material benutzte der Historiker Livius für seine Frühgeschichte Roms? Griff er nicht auch auf Sagen und Mythen zurück? Hat Sueton für seine Cäsaren-Biographien nur wichtige Zeitzeugen befragt oder berichtet er sogar Hofklatsch? Durfte Tacitus für seine *Historiae* oder *Annales* die kaiserlichen Archive benützen? Waren diese Autoren wirklich *sine ira et studio,* wie Tacitus es verlangte – schrieben sie «ohne Zorn und Eifer» aus der Distanz eines unvoreingenommenen Beobachters? Konnte Tacitus, ein Mann, der sich die Errichtung der alten *res publica* so brennend wünschte, wirklich unbeteiligten Herzens über die römischen Kaiser berichten?

Die antiken Autoren beantworten uns wohl viele Fragen – nur um ebenso viele aufzuwerfen. Gerade deshalb ist Pompeji ein Glücksfall, denn es hat ein Stück römischen Alltag für uns aufbewahrt. Die im «Haus des Chirurgen» gefundenen Instrumente erzählen uns eine Geschichte über den Standard der medizinischen Versorgung, die bleiernen Absperrventile von Wasserleitungen sind ein Hinweis auf das hohe Niveau der Alltagstechnik. Auf Wandmalereien in Privathäusern sind exotische Früchte zu sehen, was auf einen ausgedehnten Handel mit Afrika schließen lässt. Und Graffiti von Gladiatoren, obszöne Sprüche und andere Inschriften an den Häuserwänden zeigen uns, womit sich offensichtlich auch der antike Durchschnittsbürger schon gerne beschäftigte: Sport, Sex und Klatsch.

All dies, die Schriften und archäologischen Funde, sind Fensterchen in eine andere Welt. Trotzdem bleibt die Herausforderung, sich immer wieder von neuem mit der Antike zu beschäftigen. Denn jede Zeit betrachtet eine andere Zeit mit ihren eigenen Augen. Im Mittelalter interessierte man sich für die Schriften der ersten großen christlichen Denker, in der Renaissance griff man die naturwissenschaftlichen Erkenntnisse der Antike wieder auf, heute möchten wir gerne mehr über die Alltags- und Sozialgeschichte erfahren. Und müssen doch oft genug raten, um die Welt der Antike wieder zum Leben zu erwecken. Uns wurden keine Statistiken über die exakte Bevölkerungszahl Roms, die Arbeitslosenquoten in den Provinzstädten oder das Bruttosozialprodukt der Römer überliefert. Oder: Was genau verstand der Römer unter *virtus*, «Tugend»? Zählte er Eigenschaften darunter, die auch wir positiv bewerten? Manches aus der römischen Welt ist uns zutiefst vertraut, so wie der Spott des Petronius über proletenhafte Neureiche. Anderes ist uns – zum Glück – ganz fremd geworden, wie die Selbstverständlichkeit der Sklaverei.

Am Ende ist Geschichte eben mehr als Archäologie und Quellenforschung. Geschichte ist immer auch ein bisschen Philosophie oder gar Psychologie – der Wunsch, mit Lust und vor allem Phantasie zu erraten, wie die Menschen einer vergangenen Epoche dachten, und sich so in eine andere Lebenswelt zu versetzen.

ZEITTAFEL

753 v. Chr.	Gründung Roms
um 510	Sturz des Königs Tarquinius Superbus; Beginn der *res publica*
387	Sturm der Gallier auf Rom
264–241	1. Punischer Krieg
218–201	2. Punischer Krieg
216	Siegreiche Schlacht der Punier bei Cannae
202	Sieg der Römer über Karthago bei Zama
200–197	Beginn der Eroberung Griechenlands
149–146	3. Punischer Krieg, Karthago wird zerstört
133	Tiberius Sempronius Gracchus wird Volkstribun, zehn Jahre später folgt ihm sein Bruder Gaius Tiberius ins Amt (beide wurden aus politischen Gründen ermordet)
104–100	Marius wird jährlich als Konsul bestätigt
(100	Geburt Caesars
88–85	Bürgerkrieg zwischen Sulla und Marius
82–79	Diktatur Sullas
73–71	Sklavenaufstand unter Spartacus
67–63	Pompejus erobert den Nahen Osten
58–51	Caesar erobert Gallien
48–46	Caesar besiegt Pompejus, trifft Kleopatra in Ägypten und wird in Rom zum Diktator auf zehn Jahre gewählt
44	Caesar wird Diktator auf Lebenszeit – und an den Iden des März (15. März) ermordet.
43–31	Bürgerkrieg mit wechselnden Koalitionen
31	Sieg des Augustus über Marcus Antonius, Augustus wird Alleinherrscher; Beginn der Kaiserzeit
14 n. Chr.	Tod des Augustus
14–37	Tiberius
37–41	Caligula
41–54	Claudius
um 50	Gründung der Colonia Claudia Ara Agrippinensium (Köln)
54–68	Nero
64	Brand Roms

67–70	Aufstand in Judäa, der mit der Zerstörung Jerusalems endet
68–69	Vierkaiserjahr: nach den Generälen Otho, Galba und Vitellius wird Vespasian Kaiser
69–79	Vespasian, Bau des Kolosseums
79–81	Vespasians Sohn Titus wird Kaiser
81–96	Nach Titus regiert dessen Bruder Domitian
96–180	Zeitalter der «Adoptivkaiser», die durch Adoption die kaiserliche Nachfolge antraten:
86–98	Nerva
98–117	Trajan, Eroberung Dakiens, Bau der Trajansthermen und des Trajansforums
117–138	Hadrian, der das Reich mit einer Schutzmauer befestigt
138–161	Antoninus Pius
161–180	Marcus Aurelius, der ab 177 zusammen mit seinem Sohn Commodus regiert
180–192	Commodus, nach ihm streiten sich Generäle um die Macht
193–235	Regierung der Dynastie der Severer (darunter Caracalla)
235–284	Zeit der Soldatenkaiser, die jeweils von den Legionen ausgerufen werden
284–305	Diokletian
313	Nach innenpolitischen Wirren wird Konstantin Kaiser
326	Konstantin baut Byzanz (das heutige Istanbul) zur Residenz um und nennt es Konstantinopel. Das Christentum wird als Staatsreligion anerkannt.
	Das Imperium wird in ein Weströmisches mit Rom und ein Oströmisches Reich mit Byzanz als Hauptstadt geteilt
410	Der Westgote Alarich erobert Rom
455	Die Wandalen plündern Rom
476	Der Germane Odoaker entthront den Kaiser des Weströmischen Reiches und verlegt seine Hauptstadt nach Ravenna

STICHWORTVERZEICHNIS

ABBILDUNGS- UND LITERATURVERZEICHNIS

Der Abdruck der Graffiti aus der römischen Antike inklusive ihrer Übersetzungen in diesem Band erfolgt mit freundlicher Genehmigung von Prof. Dr. Karl-Wilhelm Weeber; sie finden sich in seinen Büchern *Panem et circenses. Massenunterhaltung als Politik im antiken Rom* (Philipp von Zabern, Mainz), *Decius war hier …: Das Beste aus der römischen Graffiti-Szene* und *Alltag im alten Rom. Ein Lexikon* (beide Artemis & Winkler, Düsseldorf, Zürich).

Sämtliche Zitate wurden in neuer Rechtschreibung gesetzt. Ihr Abdruck erfolgt mit freundlicher Genehmigung der jeweiligen Verlage: Theodor Mommsen: *Das Weltreich der Römer.* Emil Vollmer im Phaidon Verlag, Essen, S. 85; Luciano de Crescenzo: *Geschichte der griechischen Philosophie.* Diogenes, Zürich, S. 65–66; Juvenal: *Satiren,* i. d. Übers. v. Harry C. Schnur. Reclam, Stuttgart, S. 128; Sueton: *Caesarenleben,* i. d. Übers. v. Max Heinemann. Alfred Kröner, Stuttgart, S. 149; Thornton Wilder: *Die Iden des März.* S. Fischer, Frankfurt / Main, S. 151.

Zur vertiefenden Lektüre empfohlen:

Jérôme Carcupino: *Rom. Leben und Kultur in der Kaiserzeit.* Reclam, Stuttgart 1992.

Christian Meier: *Die Ohnmacht des allmächtigen Diktators Caesar. Drei biographische Skizzen.* Suhrkamp, Frankfurt / Main 1980.

Karl-Wilhelm Weeber: *Alltag im alten Rom. Ein Lexikon.* Artemis & Winkler, Düsseldorf, Zürich 2000.

Übersetzungen der lateinischen Quellen, von Caesar bis Vergil, sind zum größten Teil in der Reclam-Universalbibliothek erschienen. Darüber hinaus besonders empfehlenswert ist Suetons *Caesarenleben,* das in einer Übersetzung von Max Heinemann beim Alfred Kröner Verlag, Stuttgart, vorliegt.

DIE AUTORIN

Sylke Tempel wurde 1963 in Bayreuth geboren und besuchte dort das humanistische Gymnasium. Ihr anschließendes Studium der Geschichte, Politischen Wissenschaften und Judaistik beendete sie mit der Promotion. Seit 1994 berichtet sie für «Die Woche» aus Israel und pendelt zwischen Berlin und Jerusalem.

Ihre Leidenschaft für das alte Rom wurde – trotz Latein-Leistungskurs – nicht so sehr in der Schule entfacht, sondern bei zahlreichen Romaufenthalten. Dies Buch schrieb sie, um zu beweisen, dass die römische Geschichte viel lebendiger und spannender ist, als ihr im Lateinunterricht vermittelt wurde.